Die Autoren im Partykeller

RECLAM-BIBLIOTHEK

Pepitaröcke, Koteletten, Easy Listening, Adidas, die Augsburger Puppenkiste und Frau Klementine sind wieder da. Wir erleben das Revival eines güldenen Dezenniums, das ob seiner beleidigenden Ästhetik für immer überwunden schien. Bildungsreform, Brandts Kniefall, Günter Netzer, Pan Tau, Heinrich Böll und Vater Staat in Spendierhosen – das sind die Guten Siebziger. Ölschock, Grenzen des Wachstums, Neue Subjektivität, vorgetäuschter Orgasmus, Village People, Digitaluhr und Helmut Schmidt – das sind die Schlechten Siebziger. Oder gehört das alles zusammen, irgendwie? Gespiegelt etwa in dem unvergessenen Satz: »Ich habe nichts gegen lange Haare, aber gepflegt müssen sie sein«?

Unser wissenschaftlich ausgewiesenes Autorentrio, samt und sonders in Braunschweig (siehe »Jägermeister«) lebend, ist dieser Frage unerschrocken nachgegangen. Entstanden sind »Die Goldenen Siebziger« – das sehnlichst erwartete Nachschlagewerk für die unruhige Jugend und den sinnsuchenden älteren Menschen.

Gerald Fricke · Frank Schäfer · Rüdiger Wartusch

Die Goldenen Siebziger

Ein notwendiges Wörterbuch

RECLAM VERLAG LEIPZIG

Mit 9 Abbildungen

ISBN 3-379-01605-5

Reclam-Bibliothek Band 1605
1. Auflage, 1997
Reihengestaltung: Hans Peter Willberg
Umschlaggestaltung: Oberberg + Puder, Leipzig
unter Verwendung einer Fotografie aus Thomas Hauffe:
Design. Köln: Dumont, 1995
Gesetzt aus Helvetica
Satz: Peter Conrad, Brandis
Druck und Bindung: Ebner Ulm
Printed in Germany

immer mit der Ruhe Junge,
lies die Zeitung nochmal.
trink noch'n Whisky.
einen auf die siebziger Jahre,
dieses elende großzügige Jahrzehnt.

Wolf Wondratschek

Zum Geleit

Die Siebziger feiern fröhliche Urständ': Haifischkragen, Star Wars, Koteletten, Easy listening, Adidas, die Augsburger Puppenkiste und Frau Klementine sind wieder da – das ist uns egal! Wir springen nicht auf einen fahrenden Zug auf, uns geht es um Authentizität, um Ehrlichkeit, um die *Seele* jenes güldenen Dezenniums. Deswegen kriechen wir da richtig rein: Innere Reformen, Brandts Kniefall, lange Haare, Heinrich Böll und ein Vater Staat in Spendierhosen – das sind die Guten Siebziger. Ölschock, Haar-Erlaß, Neue Innerlichkeit, Atomstaat, Village People, Digitaluhr und ein Helmut Schmidt in Schlaghosen – das sind die Schlechten Siebziger.
Und nun? Wie geht es weiter? Und überhaupt: Warum ist heute alles so kalt? Diesen und anderen notwendigen Fragen, die einer unruhigen Jugend, orientierungslosen 89ern und sinnsuchenden Dreißigern unter den Nägeln brennen, soll nachgespürt werden.
Geboren in den poppigen Sechzigern, sind wir liebevoll, aber eisenhart sozialisiert durch die irren Siebziger. Abgestumpft durch die zynischen Achtziger, angeödet und nervös in den Mülltrennungs-Neunzigern, denken wir mit Wehmut an die schönen Tage mit Wicki und Pan Tau zurück; sonnige Nachmittage im Rekordhitze-Heidewaldbrand-Sommer 1975 *(Ein Bett im Kornfeld)*, an denen wir eigentlich draußen spielen sollten. Den verzweifelten jungen Menschen, die heute mit Schlaghosen umherziehen und billigstem Schlagerrecycling frönen, wollen wir ein bißchen Glanz aus erster Hand über diese Epoche vermitteln. Wir möchten jungen Menschen zeigen, daß es die Lieder der Augsburger Puppenkiste schon lange vor dem Techno-Radau, vor Helmut Kohl schon Bundeskanzler

und daß es sintemal Zeiten gab, in denen nicht ein biederer Dieter Eilts Star einer Fußball-EM werden konnte, sondern Günter Netzer – und ein Katsche Schwarzenbeck sogar Weltmeister (1974). Denn das ist die Siebziger-Dialektik: Reformpolitik (These) und Radikalenerlaß (Antithese) bedingen ebenso einander wie Netzers Pässe und Katsches Grätschen, wie Neue Subjektivität und Hausfrauenlyrik, Autofreier Sonntag und SPD-Wahlspots, in denen der Autobahnbau als *das* Signum für Fortschrittlichkeit herhalten mußte. Die große sozialdemokratische Synthese, zugleich Leitmotiv der Autoren, bildet schließlich folgender Satz: »Ich habe nichts gegen lange Haare, aber gepflegt müssen sie sein.« Oder, mit anderen Worten: Wenn 1968 für die anvisierte Revolution steht, dann markieren die Siebziger den Versuch, die Bahnsteigkarte zu lösen.

Aber auch Ihr, die Ihr damals jung und *crazy* wart und – aus dem Taschengeldalter heraus – erste Bilanzen zu ziehen beginnt, mal hergehört! Viele Menschen um die Dreißig sind heute Premiere-Abonnenten, tragen geschmacklose Telefone mit sich herum und müssen sich fragen lassen, was sie bloß falsch gemacht haben in ihrem langweiligen Leben. Wir nehmen diese armen Menschen an die Hand und führen sie zurück in ihre Jugend, in die gute alte Zeit.

Um Mißverständnissen vorzubeugen: Eine allzu rigide Periodisierung tut nicht not; es geht vielmehr darum, die Siebziger als ein kulturelles Paradigma, als breites Spektrum des gesellschaftlichen Lebens zu begreifen. Es gibt – bei aller Heterogenität – einen ganz spezifischen Siebziger-Stil. Jede amerikanische Polizeiserie, jede Disco-Sendung mit Ilja Richter, jeder Quelle-Katalog läßt sich auch vom ungeübten Betrachter sehr zuverlässig zeitlich einordnen – dergleichen kann man von den folgenden Jahrzehnten schwerlich behaupten.

Entsprechend sind ausnahmslos alle Bereiche des Lebens, in akkurater alphabetischer Ordnung, nachschlagsbereit abgehandelt: Hochkultur (Sex Pistols), Fernsehen

(Dalli Dalli), Disco (Kiss), Mode (Haarnetz), Politik (Mao-Paule), Sport (Gold-Rosi), Technik (Jeans-Käfer, Römertopf) und Alltagskultur (Afri-Cola, Lichtorgel, Wohngemeinschaft). Ein junger Mensch schickt sich beispielsweise an, ein Tanzlokal zu beehren, in dem vieldeutig um »angemessene Kleidung« ersucht wird – Jeansanzug, Gelb-Orange, Breitcord? Und die Konversation (Jägermeister, Pril-Blümchen, Sesamstraße)? Unser junger Freund kann sich auf das Wörterbuch, seinen Ratgeber, verlassen. Unser Dreißiger möchte nicht abseits stehen, er weiß natürlich mehr als der Jungspund, aber er hat auch viel vergessen, er muß bei dem einen oder anderen politischen Thema (Investitionslenkung, Staatsbankrott) nachschlagen. Besonders wurmt es ihn, in einen Siebziger-Diskurs verwickelt zu werden und bei kniffligen Details passen zu müssen: Wie teuer war das Dolomiti genau? Wann stieg der Benzinpreis erstmals über eine Mark? Warum um alles in der Welt trug man eine Herrenhandtasche? Wie rot dürfen Lehrer sein? Was hat uns das heute zu bedeuten? Unser Vademecum weiß die Situation zu entschärfen: Nachgeschaut und der Triumph ist sicher.
Daß hier und da möglicherweise Klischees skizziert werden, die mit der Daseinswirklichkeit einzelner Individuen nur begrenzt übereinstimmen – bon et bien, das liegt in der Natur der Sache. Dennoch meinen wir, daß sich Erinnerungen beispielsweise an die erste Stereokompaktanlage transzendieren lassen. Subjektive Erlebnisse intersubjektiv erfahrbar machen – eine honorige Aufgabe, der wir uns mit festem Willen stellen. Freilich wollen wir unser Lexikon nicht allein auf die Rolle eines Ratgebers – und Freundes – beschränkt wissen: Wir fühlen uns der Aufklärung verpflichtet und entlarven die Rolle der Bewußtseinsindustrie, die mit kaum zu überbietender Schamlosigkeit die Sehnsüchte vieler Menschen ausnutzt und billige Siebziger-Imitate auf den Markt wirft. Nicht mit uns! »Rainer, fahr ab!«

A

ABBA. Die Schweden-Wunderwaffe gegen allzu verschnarchte Sitzparties. Schafften 1974 den Durchbruch vor *Waterloo* (»Wasserklo«) und gewannen damit den Grand Prix – das haben erst zwei Deutsche gepackt: Nicole (mit *Ein bißchen Frieden*) und Harald »Schumi« Schumacher (mit Benetton-Renault). ABBA waren das Nonplusultra für die leichte, beschwingte Abendunterhaltung: »Peace« ohne Politik, Christentum ohne Religiosität, Pop ohne Ecken und Kanten, einfach stubenrein – und doch mit einem ganz eigenen »Drive«. 1976 spielte das Quartett (Frida, Benny, Agnetha und Björn) auf der Hochzeit des schwedischen Königs, na was wohl: *Dancing Queen*! Brav waren sie freilich nicht immer, diese skandinavischen Wahlverwandtschaften, deren Mitglieder sich abwechselnd heirateten und schieden, man mußte nur zwischen den Zeilen hören können: *Does your mother know?* (1979) behandelt z.B. ein heißes Eisen. Denn übersetzt aus dem Afrikaans bedeutet *Does your mother know?*: »Das weiß dein weißer Herr besser als du, Teerpappe!« – Und das wiederum war lange und dunkle Jahre der Wahlspruch der aparten Führerpartei Südafrikas. Schon durch das Fragezeichen zeigt sich die Distanzierung des Schweden von seinem südlichen Nachbarn. Weiß der das wirklich besser, fragen ABBA – natürlich rein rhetorisch.

Abenteuerspielplatz. Wird von fortschrittlichen Pädagogen ausdrücklich begrüßt und gefordert. In diesem Mikro-Kosmos können soziales Verhalten eingeübt, Aggressivität bewältigt und Konflikte ausgetragen werden. Der pädagogische Betreuer greift nur auf ausdrücklichen Wunsch der → Kinder ein, mitunter auch, wenn ein Balg dem anderen die Holzlatte über die Rübe zieht. Studien zeigen allerdings, daß die Unfallrate auf dem Abenteuerspielplatz nicht höher als auf herkömmlichen Spielplätzen ist. Nicht gern gesehen wird Kriegsspielzeug. Nach Einbruch der Dunkelheit kommen im übrigen »die Großen« und trinken Bier.

Abtreibung. Man kann was dafür sagen, man kann auch was dagegen sagen. Aber wer sich die Spruchbänder ansieht, die beide Seiten eifrig vor Demonstrationen pinseln, um ihre Message formelhaft zu verdichten, hat eigentlich keine Wahl, er muß mit den Abtreibungsbefürwortern marschieren, will er nicht ganz und gar als Kretin dastehen. Denn die dümmsten Parolen schwingen immer noch die Verteidiger des Lebens – und also des § 218: Verse nach dem Prinzip »Reim dich oder ich schlag dich!«, von einem augenscheinlich alkoholisierten Autor so dermaßen im Rhythmus verbogen, daß eine skandierende Menge sicherlich ins Stolpern geraten wäre, hätte man sich nicht schon im Vorfeld auf einen – dem traurigen Anlaß ohnehin angemesseneren – Schweigemarsch einigen können: »Schwimmt der Embryo / erst im Klo / ist die Mutti wieder froh.« Eine veritable *Stern*-Stunde (→ Sternchen) schlug für Henri Nannen, als er der weiblichen Prominenz für ihr Coming-out in Sachen Abtreibung ein Forum bot. »Wir haben abgetrieben! 374 deutsche Frauen halten den § 218 für überholt und erklären öffentlich: Wir haben gegen ihn verstoßen« – konnte man 1971 in fetten Lettern auf der Titelseite jener bunten Illustrierten lesen. Und das hatte Folgen. Zehntausende Unterschriften wurden gesammelt, man machte mit Infoständen und Straßentheater auf das Problem aufmerksam, richtete Beratungszentren ein und organisierte direkte und begleitende Hilfe zum Schwangerschaftsabbruch. Aber auch das gegnerische Lager machte mobil. Und so gab es ein jahrelanges erbittertes Gerangel um »Weg mit dem § 218« und »Auch Dir hat man das Recht auf LEBEN nicht genommen«, das 1976 mit einem für beide Seiten unbefriedigenden Kompromiß endete. Die zuerst vom Bundestag verabschiedete »Fristenlösung« wurde vom Bundesverfassungsgericht für verfassungswidrig erklärt und vom Bundestag durch das »Indikationsmodell« ersetzt. Das ist wenig genug, reicht aber aus, um Vertretern der katholischen Kirche die Zornesröte ins Gesicht steigen zu lassen. Was will man mehr?

Adamo. Hat eine erstaunliche Gemeinsamkeit mit Hercule Poirot aufzuweisen, dem Meisterdetektiv aus dem Hause Christie: Er kommt aus Belgien, nicht aus Frankreich! Trägt dazu eine korrekt sitzende Betonfrisur (Scheitel!) und singt Balladen, die unterhalten, aber auch »nachdenklich« stimmen (→ Schlagerstars): »Ein kleines Glick, hahahaha …«

Adidas. Drei Streifen für ein Halleluja! Beherrschte in den Siebzigern bis in die frühen Achtziger hinein als Quasi-Monopolist das gesamte Sonnensystem. Einschließlich Ostblock: Auch die DDR-»Diplomaten im Sportanzug« konnten nicht umhin, den globalen Systemwettbewerb von Kapitalismus versus Sozialismus (→ Fischer, Bobby; Video) in den Sportstätten der Welt klassenfeindlich dreigestreift zu vollziehen. Wie alles anfing? Zu niedlich aber auch die Geschichte mit den beiden Dassler-Brothers. Der eine zog die ewige Loser-Karte (Puma), der andere (»Adi«) schuf *den* bundesdeutschen Wiederaufbau-Mythos. Adidas hatte etwas Staatstragendes. Mit Adidas »waren wir wieder wer«, nämlich Weltmeister. Adidas bedeutete in die Hände spucken, ehrliche Arbeit; Adidas war Uwe Seeler, Antischuppenshampoo, Mexiko 1970 (Deutschland – Italien 3:4 n.V., das Jahrhundertspiel!), WM 74 (auch → Tip und Tap trugen drei Streifen) und, natürlich, die blutjunge Ulrike Meyfarth 1972 in München. Irgendwann in den »Have Fun«-Achtzigern wollte Sport gutgelaunt und farbenfroh verrichtet werden und nichts mehr mit Schweiß und Mühsal zu tun haben, es kam der geballte Gegenschlag aus der Neuen Welt und dem fernen Osten, angetreten mit Namen wie Nike oder Reebok. Es ging so weit den Bach runter, daß am Ende sogar ein eitler Franzos' (Bernard Tapie) den Laden übernehmen mußte. Mittlerweile, dem Revival sei Dank, greifen die Kids von heute wieder zu den guten alten Adidas-Trainingsanzügen (→ Catsuit) mit Schlag, »um sich irgendwie abzusetzen«; und zwar hüllen sie sich genau in das Modell, in dem »Hauswart Klawuttke sonnabends beim Wagenwaschen schwitzte« (Susanne Fischer). Andererseits gibt es heutzutage auch Sportgeschäfte, die den Adidas-Kultschuh Samba nicht mehr führen. Man wird dann auf den Universal verwiesen – genau gleich, nur sind hier die Streifen schwarz auf weiß – oder auf diese neumodischen bunten Dinger. Nur die Hallenwarte kontrollieren weiterhin, ungebrochen seit Turnvater Jahn, ob die (dunklen) Sohlen Spuren auf dem kostbaren Hallenboden hinterlassen *könnten.* Wenn ja, fliegt man immer noch raus, achtkant! Irgendwie auch dialektisch das Ganze …

Afri-Cola. Richtig psychedelisch geht's hier ab: »Sexy-mini-super-flower-pop-op-cola – alles ist in AFRI-COLA. Es ist eine Lust zu leben.« Wir konsumieren diese Süppelbrause bevorzugt in der Badeanstalt (»Hallo, willste mir den Rücken eincremen – für 'ne Cola?«), beim Auto-Scooter, auf der Konfirmanden-Fete, in der Roller-Disco oder auf Klassenfahrten (»mit Schuß«). Ziemlich cool fanden wir das. Heute könnte es peinlich sein, aber wir stehen zu unseren Biographien. Andere z.B. wollten früher die NATO abschaffen (→ Jusos) und sind heute Ministerpräsidenten!

Akademikerlaufbahn. In den »Goldenen Jahren« (1970 bis 72) rutschte man da so rein. Mit ein bißchen Glück, das heißt, wenn man nicht ausgerechnet gegen den Baum fuhr, wurde man: Professor, einfach so! Der Grund: Vater Staat (→ SPD) hatte dicke, fette Spendierhosen an; in besagter Zeit wurde an jedem zweiten Dienstag im Monat (Achtung: in Schaltjahren mittwochs) eine Reform-Uni gegründet, wöchentlich ein Lehrstuhl ausgeschrieben und dazu noch fröhlich mitbestimmt. Bei Berufungsverhandlungen konnte es schaden, wenn man affirmativ war, also sich nicht hinreichend mit den Widersprüchen des → Schweinesystems auseinandergesetzt bzw. diese »hinterfragt« hatte. Nach erfolgter Verbeamtung setzte man sich in der Regel zur Ruhe oder verlegte seinen Schwerpunkt auf hochschulinterne Politik.

Akupunktur. Zu Beginn der Siebziger Jahre erlebt die fernöstliche »Heilkunst« der Akupunktur einen echten Boom in deutschen Krankenzimmern. Das Prinzip ist simpel: Mit feinen Nadeln werden erogene Zonen unter der Haut »stimuliert«. Tut gar nicht weh, im Gegenteil ...! Und hilft gegen alles (bei mir war's Sackhüpfen). Immer mehr Ärzte und Patienten wenden sich dieser uralten medizinischen Praxis zu, weil ihnen die gelbe Philosophie (→ Kung Fu) eine Alternative verheißt – Abwechslung muß sein. »Es gibt Dinge zwischen Himmel und Erde«, hatte schon der alte Schwerenöter »Will« Shakespeare erkannt, »denen kommt ihr mit eurer Schulmedizin nicht bei.« Schon recht.

Anita. Mit der neunjährigen Anita aus Norwegen singt → Schlagerstar Roy Black 1971 das grandiose Duett *Schön ist es, auf der Welt zu sein*. Von Radio Luxemburg erhält er dafür den begehrten Goldenen Löwen, bereits seinen siebten! Ob Anita auch einen bekommen hat, ließ sich leider nicht mehr feststellen; dafür aber den Partylöwen Mike Oldfield. Schon wahr, ein Rocker durfte er nicht werden, der Roy, aber nun ist er tot, und wir wollen nicht in alten Wunden bohren, doch gesagt werden muß es: Wir kennen kaum etwas Schöneres aus Norwegen als Anita, aus Deutschland allerdings schon – Siegfried.

Antiautoritäre Kindererziehung. Geschlagen wurde offiziell nicht mehr nach '68. Hundeerziehung ohne Strafen, Pferdetraining ohne Barren, das gab's auch schon früher, antiautoritäre Kindererziehung aber ist ein »Kind« der späten Sechziger. Und in die Siebziger fiel sozusagen dessen Probezeit. Lehrjahre aber sind keine Herrenjahre, und so wurde denn auch viel polemisiert gegen die Weicheier, die ihren Gören alles durchgehen ließen und denen man gerne selbst mal gezeigt hätte, wo der Hammer zu hängen hat! »Antiautoritäre Kindererziehung produziert Faulpelze und Terroristen«, so der Volksempfänger. Schauen Sie sich doch nur mal aufmerksam um!

Apocalypse Now. »Eine apokalyptische Reise in die Untiefen der Seele, eine Konfrontation mit den grotesken und makaberen Auswüchsen des Krieges«, sagt die Evangelische Akademie Loccum. Hatte eigentlich zuvor jemand behauptet, Krieg sei schön, gerecht oder doch wenigstens ohne Dschungel? Herrlich die Szene, wo zum *Walkürenritt* ein Dorf mit Napalm gradezu »ausgewagnert« wird. Der Film ist eine Gewaltorgie in Häkchen, und natürlich waren es eben diese Häkchen, an denen wir, nun ... hängenblieben. Übrigens, die literarische Vorlage *Das Herz der Finsternis* stammt von Joseph Conrad. Aber, Perlen vor die Säue.

Archipel GULAG. Das monumentale Werk des sowjetischen Schriftstellers Alexander I. Solschenizyn steht im Zentrum seines literarischen Schaffens wie seines Lebens. *August Vierzehn* (1971), stand noch auf den Bestsellerlisten der Welt, da kursierten bereits Gerüchte um das Mammutwerk – leider auch in Moskau: eine Mitarbeiterin verrät unter Behördendruck das Versteck des Manuskriptes und entleibt sich. Der Roman wird verboten und Solschenizyn unter Protest der Öffentlichkeit verhaftet, ausgewiesen, ausgebürgert und später bei »unserem« Nobelpreisträger → Böll in der Eifel abgesetzt. Solschenizyn findet dann eine neue Heimat in der Schweiz, der erste Band seines *GULAG*-Opus erscheint im August 1973 (die folgenden Bände bis 1975) in Paris. Weniger die polemische Propaganda von *TASS* und *Prawda* als vielmehr der Roman selbst sorgt für nachhaltige Irritation der westeuropäischen Linken. Das Ausmaß der stalinistischen Arbeitslager, wo jahrzehntelang – unter Lenin hätt's das nicht gegeben! – Hunderttausende den Tod gefunden hatten, zeichnet Solschenizyn minutiös nach. Belohnung: *Archipel GULAG* wird *der* Sachbuch-Bestseller in den Siebziger Jahren.

ARD-Sportschau. Machte man einen Mucks, drehte Papa durch. Komisch, wenn Ernst Huberty »Sportschau« sagte, verstanden wir immer »Pottsau«. Heute, im »ran«-Zeitalter, wissen wir erst, was wir an ihr hatten. Kein wilder Firlefanz, sondern zwei bis drei mit Hochspannung erwartete Spielberichte, die im Stile der Tagesschau präsentiert wurden. Und das ging so: Da waren drei Fußbälle in die Hintergrunddekoration eingefaßt. Die wurden dann nach und nach herumgedreht, und auf der Rückseite stand die Spielpaarung (HSV – 1.FC Köln) geschrieben. Besonders interessant war die DFB-Pokal-Auslosung mit dem DFB-Chefjustitiar (oder so ähnlich) Walter Baresel, einem verdienten Sportsmann bzw. einem Ex-Sportsmann, und einem weiteren DFB-Fritzen namens Schmidt. »Schmarotzer-Schmidt« hieß der bei uns immer, weil er eigentlich keine, sogar *überhaupt gar keine* Aufgabe hatte. Sehr unterhaltsam haben wir die Ziehung der zweiten Hauptrunde in Erinnerung: 32 Spielpaarungen. »Erster Eff Zeh Bayern München ... ah! ein Heimspiel für die Bayern! ... Zufrieden, Sepp?« – »Ah geh, mir nehmens wies kimmt!« – »gegen ... (wühl, wühl, raschel, raschel. Nach anderthalb spannenden Minuten ist ein Döschen rausgefischt) ah, das klemmt ein bißchen ... gegen (schraub, schraub, zieh, stöhn, schwitz) ah! ... gegen den Sieger aus Wuppertaler Ess Vau gegen Eintracht Braunschweig (→ Jägermeister). Erster Eff Zeh Bayern München gegen den Sieger aus Wuppertaler Ess Vau gegen Eintracht Braunschweig. Aber, obacht! Wenn die Amateure aus Wuppertal gewinnen sollten, hätten sie natürlich Heimrecht gegen die Bayern. Nunja, was denken Sie,

Sepp?« – »Ah geh ...« – »Natürlich hat der Pokal auch immer seine eigenen Gesetze! Blablasülz ...« An dieser Stelle möchten wir uns ausblenden. Die ausgelosten Spielpaarungen wurden auf eine Tafel gesteckt und anschließend mit wichtigem DFB-Pathos vorgetragen. Nachdem (wie oben kurz beschrieben) ca. 45 Minuten später auch die restlichen 31 Spielpaarungen ausgelost waren, wurde noch einmal, mit Rücksicht auf alle debilen Zuschauer, das *gesamte* Auslosungsergebnis verlesen. Heute sind die Zeiten doch etwas schnellebiger geworden. Andererseits hat man nun, da nach jedem Spiel eine Werbeunterbrechung folgt, sogar noch mehr Zeit, zwischendurch aufs Klo zu gehen. Eine Fußballsendung, die es uns recht macht, wird es auf diesem Planeten wohl nicht mehr geben, mit diesem ernüchternden Fazit geben wir zurück in die Sendezentrale.

Argentina '78. Buenos dias Argentina! »Was zeichnet den Argentinier als Mensch aus? Ohne Zweifel seine Neugier an allem und jedem. Außerdem sein Sinn für Humor, aber auch seine kritische Einstellung und seine Vorliebe für das Schauspiel und für den Sport, seine Leidenschaft für den Fußball und sein Drang, stets über alles gut informiert zu sein, einschließlich dem Geschehen in der Welt«, heißt es in dem Standardwerk von Klaus Fischer und Uli Hoeneß zur Fußball-Weltmeisterschaft 1978. Kein Wunder also, daß diese WM in Argentinien, und nur hier, in Argentinien, stattfindet. Im Vorfeld gab's heiße Diskussionen: Darf man unter einer Militärjunta kicken? (Der DFB denkt sich: Klar, Anno 36 zur Olympiade sind ja auch alle nach Berlin gekommen.) Was ist mit Paul Breitner (→ Mao-Paule)? Und Beckenbauer (→ Cosmos New York)? Sollen sie spielen oder nicht? Wer muß wen zuerst anrufen: der Kaiser bzw. die spätere »Lichtgestalt« den Bundeshelmut → Schön oder der Schön den Kaiser? Was meint der DFB? DFB-Präsident Hermann Neuberger meint: »Ich meine, erst muß Franz Beckenbauer Bundestrainer Helmut Schön anrufen.« Ausländische Fußballexperten (Michel Hidalgo z.B., der listige Franzos') kommen mit komischen Vergleichen: Ein WM-Verzicht auf Beckenbauer wäre wie eine »Weltfriedenskonferenz ohne → Carter und Breschnew«. Max Merkel ergänzt: »Wenn ich die Wahl zwischen einem Libero Kaltz oder Tenhagen hätte, würde ich Beckenbauer nehmen.« Es kommt schlußendlich, wie es kommen mußte: Für Deutschland endet die ganze Geschichte unrühmlich mit der »Schmach von Cordoba«, dem 2:3 gegen Hans Krankl.

Atika. »Kenner zeichnen sich dadurch aus, daß sie das Besondere schätzen, Genießer dadurch, daß sie das auch bei kleinen Dingen tun. Atika – leicht und würzig, mit den wertvollsten Tabaken der Welt.« Schön auch die »Atika-Kassette«; denn: »Schöner kann man Cigaretten nicht verschenken. Und weil schließlich jeder Ihrer Freunde seinen eigenen Geschmack hat, gibt es die Atika-Kassette in acht verschiedenen Schmuckhüllen. DM 5,75.« Zigarette mit »C« – so weltmännisch konnten sie sich geben, diese formidablen Siebziger! (→ kim; Cassetten-Recorder)

Auch Männer sitzen hier. Jawohl! Von »unhygienisch« bis »ungerecht« lauten die neidvollen Beschwerden und Verbotsbegründungen erboster Hausfrauen, MitbewohnerInnen (→ WG) – und Softi-Männer, die sich einschleimen wollen. Diese Debatte jedenfalls wird die Jahrtausendwende überdauern, soviel »steht« fest.

Augsburger Puppenkiste. »Urmeliiii« – das sei mein Thema. Max Kruses Geschichten von dem *Urmel aus dem Eis* mußte ich immer, nachdem sie als Puppentheater im Fernsehen gelaufen waren, meinen Brüdern vorlesen. Und das war gar nicht so einfach, weil man nämlich dauernd seine Stimme verstellen mußte. Die Charaktere hatten zudem jeder seinen eigenen Sprachfehler oder zumindest so eine »lustige« Angewohnheit. Ping Pinguin etwa konnte kein »sch«: »Ich geh' in meine Mupfel!« Wawa konnte es hingegen zu gut: »Wotschu dasch?«

Probleme mit den Vokalen hatten etwa Schusch (»Urmäl wärd Könäg!«) und Seele-Fant (»Wönn Urmöl Könög wörd, dann wördö öch abör Hofsöngör!«). Spätestens hier konnte ich meist nicht weiterlesen, weil wir alle in heilloses Gelächter ausbrachen, woraufhin regelmäßig Mutti kam, und wir »jetzt aber wirklich« das Licht ausmachen mußten. Ich las dann mit der Taschenlampe unter der Bettdecke die begonnene Geschichte zu Ende, las von Tim Tintenklecks und vom Urmel, das kein Drache war, sondern eben ein Urmel. Echt urig auch, wenn Wutz »öff-öff« machte. Morgens weckten mich meine Brüder meist mit einem dreifach gellenden »Urmeliii«!

Autoaufkleber, lustige. Entwickeln sich in den späten Siebzigern, im Übergang zu den Achtzigern zur wahren Volksseuche und schmücken immer mehr Familienkarossen. Der Trend für 1979 geht in Richtung »mehr Bilder, weniger Sprüche«. Besonders beliebt: Knuffi, das Kraftprotz-Nilpferd. Oder die Insel Sylt (ab 1985 auch bei Michail Gorbatschow als Feuermal auf der Stirne). Superlustig: »Befreit Grönland, weg mit dem Packeis«. Und natürlich Tiere (putzige Marienkäfer, das Seemonster Nessie, der kleine »Haltet unsere Toiletten sauber«-Piepmatz, der Erdal-Frosch, Pferdeköpfe) sowie Blumen, Glückspilze oder Phantasiegebilde aller Art, die Mutti normalerweise auch gern für Badezimmerkacheln, Küchen- und Kinderzimmerwände nutzt (→ Pril-Blumen). Der Aufkleber »Atomkraft – ja gern« bzw. »Steinzeit – nein danke« (als sattes Contra zum erfolgreichen »Atomkraft – nein danke«) kann sich dagegen nicht durchsetzen. Ach, was sagt übrigens die Wissenschaft? Sie sagt z.B.: »Durch Hinweise auf seinen Geschmack und Humor möchte der Fahrer aus der Einsamkeit und Anonymität ausbrechen.« Der Verkehrspsychologe ergänzt: »Mit romantischen Locksignalen wie Blumen und Herzen suchen besonders Autofahrerinnen eine kokette Bescheidenheit auszudrücken.« Na denn: »Bis das der TÜV uns scheidet«! (→ Stoppt Strauß; Jeans-Käfer)

B

Badekappe. Vielleicht die dümmste Erfindung, seit es Badeanstalten gibt. Zum Glück mußte man sie nur im Hallenbad tragen, ich kam mir schon ziemlich dämlich vor mit so einem Überzieher. Hygienisch, pah! Immerhin hatte ich eine hübsche blauweiße aus Stoff, während andere sich mit ihrer leuchtendgrünen Gummikappe gar nicht erst auf den Dreier trauten. Beim Springen waren Badekappen sowieso überflüssig, es sei denn, man machte einen sauberen Köpper. Den konnte ich aber nicht, und bei den üblichen Bremern, Arschbomben und Bauchklatschern flog die Mütze immer weg. Dann mußte ich hinterhertauchen. Einer von den Großen war aber meistens schneller, ich stand wieder dumm da und bekam den Anfratzer vom Bademeister. Der im Freibad hätte das gar nicht bemerkt, weil er meistens mit seinem Fernglas den FKK-Bereich inspizierte. Er hatte nämlich ein Auge auf die Pfandflaschen geworfen, und das hatte seinen guten Grund. In dem Kiosk, den seine Frau im Freibad betreibt, wird nämlich für Bierflaschen doppeltes Pfand verlangt – damit sie hinterher nicht die Grasfläche zu einer Müllhalde verunzieren. Nun wird aber dieselbe Summe auch wieder ausgezahlt, weshalb wir haufenweise Flaschen reinschmuggelten und im Kiosk »zurückgaben«. Man durfte dabei aber nicht erwischt werden, denn Bademeisters Rache konnte furchtbar sein! Einmal mußte ich eine Stunde lang Getränke verkaufen, das war Anfang Oktober, und keine Sau hat etwas trinken wollen. Grausam. Jedenfalls konnte man sich in besagtem Kiosk auch eine Badekappe leihen, wenn die Großen die alte nicht wieder rausrücken wollten.

Band-Splits. Die musikalischen Gruppierungen der Pop- und vor allem der Rockszene waren uns gottgewollte Einheiten. Kaum vorstellbar etwa, daß Status Quo einmal ohne Rick Parfitt, AC/DC je ohne Bon Scott auskommen und auftreten könnten. Und doch kam es dann so. Auch Led Zeppelin zerfielen nach Schlagzeuger Bonhams Tode ins Nichts und gingen ein ins Nirvana, lange vor Kurt Cobain. Black Sabbath trennten sich von zahlreichen Musikern, und → Deep Purple lösten sich in flachlila Wohlgefallen auf. Ein Zeitalter der zerbröselnden Supergruppen, aber eigentlich ahnte man damals schon, daß die Achtziger sich in die »dirty ole Rock-'n'-Roll-History« als das Jahrzehnt der Wiedervereinigungen (→ NATO-Doppelbeschluß) eintragen würden.

Becker, Uli. »Clapton is God«, stand damals – immer noch – auf vielen Klowänden (→ Clapton, Eric). Wenn man die Zeit zurückdrehen könnte, müßte man die schamlos-blasphemische Lüge endlich durchstreichen und »Becker is Luther« daneben schreiben. Nicht weil er die deutsche Lyrik recht eigentlich reformiert hätte (er fängt etwa da an, wo Rolf Dieter → Brinkmann wegen dieses scheußlichen Autounfalls in London aufgehört hat; mit etwas weniger Haß vielleicht, dafür mit mehr ironischer Verve), sondern weil er in seinen Gedichten dem deutschen Volk aufs Maul schaut – und erfreulicherweise auch noch hier und dort hin. Eins vorweg: Ich hasse diese vollmundigen und mit überlegenem Lächeln vorgetragenen Reden, die mit »Wer die Siebziger Jahre wirklich verstehen will, muß *Paare, Passanten* von Botho → Strauß gelesen haben« beginnen. Die stimmen nämlich nie. Wer die Siebziger Jahre verstehen will, muß *Meine Fresse* gelesen haben, *Der letzte Schrei* und ein bißchen in *Daß ich nicht lache*! Hier haben wir die Dekade in einer Nuß. All die Phrasen, Slogans und Sprüche, das Lebensgefühl, die Dinge. Den (urbanen) Alltag mit anderen Worten. Aber kommen wir endlich zum Hauptteil dieses Artikels: »Jahrhunderte hindurch wurden in alle Dinge Tiefen hineingeheimnist, die sie niemals hatten. Das hat sehr viel Unheil angerichtet. Banalisiere die Dinge und du wirst Erfolg ernten und Chancen säen.« Dieses kluge Wort Walter Serners ist mit an Sicherheit grenzender Wahrscheinlichkeit Beckers Konfirmationsspruch, ganz ohne Zweifel aber sein literarisches Programm (und als solches dem Gedicht *Die Wahrheit über Picassos Periode* vorangestellt). Die Wahrheit steckt im banalen Detail. In der versauten Suppenreklame »Etwas Warmes braucht der Mensch« ebenso wie in der »kleinen hochgestellten 1 bis 3« hinter der Currywurst, in der protestantischen Aufsteh-Parole »Inneren Schweinehund überwinden« wie im »Frauenkalender (lila Kuli)« – oder in einer Kontaktanzeige: »Spritziger Vollbart, 36, will Zweisamkeit / mit frisch rasierter Asiatin, die ihm mit / Geduld und Spucke die Nudel weichkocht.« Wer sich nicht vorstellen kann, wie wohl linke Desillusionierung im herbstlichen Deutschland ausgesehen haben mag, bekommt hübsch authentisches Anschauungsmaterial geboten – etwa im langen Stammheim-Gedicht *Rübe ab!*: »In Berlin fangen die Studenten wieder an / Zu wetten, wie viele von ihnen / Sich in einen Mini reinzwängen lassen / Die Presse kriegt vom Sponsor 'nen Freßkorb / Und schreibt: ›Diese jungen Menschen / Sind der fleischgewordene Beweis / Wie radikal die Tendenz sich gewendet hat! / Weg vom allzu weichen 2 CV / Zurück zum spurtreuen Austin / Mit seiner bewährten harten Federung!‹« Und natürlich sagen ein paar Verse Becker-Lyrik mehr über diese Zeit als eine 300-, was sage ich: 600seitige soziologische Studie (in jeder noch so blöden Phrase steckt ein wahrer Kern, das bitte ich doch zu bedenken!): »Das Befremden / beim Anblick einer Stulle mit Aldisalami / Du beißt ab, du schlägst die Zeitung auf / und alles was dir dazu einfällt / ist ein lustloser / stummer Furz auf dem Stahlrohrküchenstuhl / … / Ein Lebensgefühl wie Aschermittwoch / wenn die säuerlich riechenden Kotzlachen in der Altstadt rumliegen / und alle aussehen wie Dr. Oetker / Tiefkühlpizzas / und du denkst: / ›Wer weiß, zutrauen würd ich's denen!‹«

Belgrad, Elfmeter von. Geschehen 1976 beim Europameisterschaftsfinale ČSSR gegen Deutschland (7:5 n.E.). Vergeigt von Uli Hoeneß. Der Ball (Hale-Bopp) kreist noch heute im Orbit; er ward jüngst von der Besatzung der Raumstation Mir gesichtet.

Benzinpreis. Erregt 1976 aufs heftigste die Gemüter: Die Eine-Mark-Schallgrenze für Superbenzin fällt! Bundesverkehrsminister Kurt Gscheidle (Genossenwitz: »Gedummle«) zeigt sich sehr empört. Der ADAC schäumt und ruft zum Boykott der Über-eine-Mark-Tankstellen auf. Die Arbeitsgemeinschaft der Verbraucher (AGV) empfiehlt »kritisches Tanken«. Schlaufüchse kaufen sich ein Hollandrad (»Panzerrad«) oder – noch extremer – ein Klapprad. Kurt Gscheidle ist übrigens der unbekannteste Minister aus dem Kabinett Schmidt. Das ergab eine Emnid-Umfrage. Mit dem Heft *Menschen unserer Zeit* soll sein Image aufpoliert werden. Weil »Pflicht tun« für ihn oberstes Gebot sei, habe der »hochintelligente Alleskönner« die Bitte des Kanzlers nicht abschlagen mögen, auch noch das Postressort zu übernehmen.

Berufsverbot. Keine Extremisten in den öffentlichen Dienst! Das war das Ziel des »Radikalenerlasses« von 1972, dem die Berufsverbote folgten. 1976 soll der Würzburger Oberlokomotivführer Rudi Röder wegen seiner aktiven DKP-Mitgliedschaft entlassen werden; das erste Berufsverbot gegen einen handwerklich tätigen Bundesbahn-Bediensteten. Er fragt: »Was hat denn das Lokfahren mit der Politik zu tun?« Gute Frage! Nun gibt es hier im wesentlichen zwei Thesen über die Hintergründe: Um die Ostpolitik zu retten und einem angedrohten Verbotsantrag der CDU gegen die neugegründete DKP zuvorzukommen, sahen sich die Sozis gezwungen, eine innenpolitische Frontbegradigung durch Abgrenzung von den Kommunisten vorzunehmen – Versöhnung nach außen, aber keine Aufweichung im Innern. Das ist die SPD-These. Nein, nein, der Radikalenerlaß war keine Konzession an die Konservativen, er entsprang dem typisch sozialdemokratischen Etatismus jener Zeit, er war »Fleisch vom Fleisch der damaligen Sozialdemokratie« (Christian Semler). So lautete die linke These. Und die Empirie? 1976 heißt es in der alljährlichen Extremistenbilanz des Bundesinnenministers: »Im öffentlichen Dienst waren 1975 1.789 Linksextremisten beschäftigt«, wie hübsch wäre es, wenn es hieße: Komma fünf. Vor dem Hintergrund seiner kommunistischen Vergangenheit fand Herbert Wehner dagegen folgenden Vergleich: »Uns wäre es nie in den Sinn gekommen, daß man Revolutionär *und* Beamter sein kann.« Die besten Chancen, in den Märtyrergenuß eines Berufsverbots zu kommen, hatte man in Bayern, wo die Regelanfrage an den Verfassungsschutz noch bis 1990 galt. Ablehnungsquoten in Nordrhein-Westfalen pendelten zwischen 0,05 und 0,06 Prozent. Wie dem auch sei, ein »Fehler« (Willy Brandt altersweise) war's allemal. Aber, lieber Leser, nun mal ehrlich, Hand aufs Herz: Möchten Sie, daß ihr Kind von einem Kommunisten unterrichtet wird? Heute sind alte BerufsverbotskritikerInnen übrigens für Berufsverbote gegen Republikaner und Scientology-Mitglieder (→ Sekten; Travolta, John).

Beste, das (aus Reader's Digest). Das las damals jede Zahnarztfrau. Kurzfassungen gerade gestern aktuell gewesener Romane per Abo; immer so drei bis fünf in appetitlichen Häppchen und Einbänden. Neben dem atavistischen Heile-Welt-Roman bestätigten vor allem Krimis, Spionage- (→ Bond, James Bond) und Action-Geschichten (→ Katastrophenfilme) das Bedürfnis nach dem Feindbild treffsicher (→ Fischer, Bobby). Der Namen schöner Schall: Barbara »Knock me out« Noack, Arthur »Schimpanse« Hailey, James »A.« Michener, Morris »Libido« West, Desmond »die Kugel« Bagley und Jack »Ripper« Higgins. Auch Michael Crichton war Anno '77 schon dabei (*Der Richter und sein Henker*) und Friedrich Dürrenmatt (*Timmi, der Hund*). Was aber war mit Enid »Gib mir fünf« Blyton?

Biermann, Wolf. Seit 1965, nach der Veröffentlichung der *Drahtharfe* im Westen (denn die zahlen keine Alu-Chips), »public enemy number one« der DDR. Seinem absehbaren Rausschmiß 1976 durch die beiden Erichs, Honecker und Mielke, folgte der große Exodus der DDR-Autoren. Schulterschluß von Kultur und Politik? Pustekuchen!

BILD. Bekommt einen immer schlechteren Leumund. Heinrich → Böll schreibt unter dem Pseudonym »Katharina *Blüm*« ein Anti-BILD-Buch, welches den Terrorismus verharmlost. So hat es jedenfalls der spätere Bundespräsident und Wandersbursch' Karl Carstens verstanden bzw. (nicht) verstehen wollen. Günter Wallraff ist *Der Mann, der bei BILD Hans Esser war*. Diverse »Gegen-BILD-Initiativen« werden gegründet, mehr oder minder originelle Parodien angefertigt, und schließlich sollen BILD-Lesungen (O-Ton) auf Theaterbühnen potentielle BILD-Käufer im Publikum läutern. Das Problem ist hier nur – wie bei allen Gutmenschenaktionen –, daß immer nur die dabei sind, die auch vorher schon längst Bescheid wissen. Das schafft ein wohliges Gruppengefühl, dient der Sache aber herzlich wenig. Die BILD-Leser, um im Bild zu bleiben, sitzen alldieweil »Bei Atze« (→ Jägermeister) und mokieren sich über die öffentliche Verschwendung in Form von Theatersubventionen – (Konto des Hilfsfonds für Bildgeschädigte »Wenn BILD lügt – kämpft dagegen«: BfG Köln 11 55 04 33 00).

blankin. Roberto trägt ein knallenges rotes T-Shirt, blitzeblank strahlend weiße Zähne und weiß zu berichten: »Die meisten Tücher wirbeln den Staub nur auf und verteilen ihn nur. Die Saug-Imprägnierung des blankin-Staubtuchs hält den Staub wirklich fest, dadurch bleibt alles länger staubfrei und blank. So wahr ich Blanco heiße.«

Blues Brothers. Jeder vernünftige Mensch und also Leser unseres Wörterbuchs hat diesen Kultfilm – hier geht das große Wort wohl an – mindestens drei Mal gesehen.

Andernfalls sollte er jetzt schleunigst verschwinden, denn für solche Typen haben wir hier nichts übrig, und erst wieder ankommen, wenn er die drei Mal voll hat. Unter diesen Umständen erscheint es mir einigermaßen müßig, die ohnehin eher marginale Story dieser furiosen Klamotte nachzuerzählen. Nur zur Erinnerung. Jake Blues wird aus dem Knast entlassen (»Eine Timex-Digitaluhr – zerbrochen. Ein unbenutztes Präservativ. Ein benutztes.«) und macht sich zusammen mit seinem Bruder Elwood auf, Schwester Mary zu besuchen, die »Pinguin-Tante«, die für ihr Waisenhaus, in dem die beiden aufgewachsen sind, binnen elf Tagen 5000 Dollar benötigt. Niedergeschlagen überlegen sie, wie hier zu helfen sei. Während eines wilden Soul-Gottesdienstes (mit James Brown als Preacher) kommt Jake die Erleuchtung: »Die Bäääänd … Wir bringen die Bäääänd wieder zusammen!« Von nun an sind sie »sozusagen im Auftrag des Herrn unterwegs«, bringen tatsächlich die Bäääänd wieder zusammen, organisieren (nach einem eher mäßig erfolgreichen Auftritt in Bob's Country-Bunker) ein triumphales Konzert in der City Hall, kassieren von einem verzückten Plattenproduzenten die benötigten fünf Riesen und hauen schleunigst ab – denn in der Zwischenzeit haben sie den halben Bundesstaat gegen sich aufgebracht –, um noch pünktlich das Geld zu überweisen. Der wortkarge Elwood bringt die Situation einmal mehr auf den Punkt: »Es sind 106 Meilen nach Chicago, wir haben genug Benzin im Tank, 'n halbes Päckchen Zigaretten, es ist dunkel, und wir tragen Sonnenbrillen!«

Die lange Verfolgungsjagd am Ende, bei der etwa vier Dutzend Polizeiwagen auf der Strecke bleiben (»Die Anwendung von unnötiger Gewalt bei der Festnahme der besagten Blues Brothers ist genehmigt worden!« – »Huuurraaaa!«), die ständig scheiternden Attentate auf die Brüder durch Jakes Ex-Braut, die Nazis im spießigen Vauxhall-Kombi mit Luger-Wehrmachtsknarre, die knüppelbewehrte All American Country-Kapelle Good Ole Boys ohne Gewerkschaftsausweis, der einfältige Bob, der in seinem

Etablissement »beides« spielt: »Country und Western« et cetera et cetera – all das ist Komik at its best. Aber von kaum zu überbietender, beinahe hätte ich gesagt: überirdischer Komik sind die grandios lakonischen Dialoge des Streifens. Ein Beispiel. In Aretha Franklins Imbißstube, wo Matt »Guitar« Murphy den Küchenchef spielt, wollen sich die Gebrüder Blues zunächst ein wenig stärken, bevor sie Matt mit auf Tour nehmen. ELWOOD: Haben Sie etwas weißes Brot? ARETHA: Ja. ELWOOD: Dann möchte ich bitte – etwas getoastetes Weißbrot, bitte. ARETHA: Mit Butter oder Marmelade auf dem Toast, Schatz? ELWOOD: Nein, Ma'am – trocken. JAKE: Haben Sie auch 'n Brathahn? ARETHA: Den verdammt noch mal besten Brathahn der Stadt. JAKE: Dann nehm ich vier gebratene Brathähne und 'ne Cola. ARETHA: Was willst du haben? Die Keulen oder die Flügel? JAKE: Ich will vollständige Tiere. Und 'ne Cola. ELWOOD: Und etwas trockenen weißen Toast, bitte. ARETHA (zu Elwood): Und wollen Sie auch was dazu trinken? ELWOOD: Nein, Ma'am. JAKE: Ich Cola.
Sui generis sind auch die musikalischen Einlagen. Neben der hochkarätig besetzten All Star Blues Band tritt hier so ziemlich jeder auf, der in der Rhythm & Blues-Szene einen klingenden Namen hat: die schon genannten Aretha Franklin und James Brown, Ray Charles als treffsicherer Musikalienhändler, John Lee Hooker und ein hinreißender Cab Calloway als singender Conferencier, der die wartende Menge bei Laune hält (»I'll tell ya a story 'bout Minnie the Moocher. She was a real Hoochie-Coocher … Heidiheidiheidiho, hidihidihidihi …«). Schließlich bleibt noch Folgendes zu bedenken: Der Film kam 1979 in die Kinos, also mitten in den vermeintlich Schlechten Siebzigern. Was sagt uns das? Die schlechtesten Siebziger sind immer noch besser als die besten Achtziger. Punkt.

Böll, Heinrich. → Strauß, Botho.

Bonanza. Mit deutlichem Abstand die beliebteste Western-Serie der Zeit. Sie löste den früheren Sonntagvorabendliebling *Am Fuß der blauen Berge* ab und sorgte dafür, daß dieser Verlust nicht weiter auffiel. In immer neuen Anläufen werden die nicht ganz alltäglichen Abenteuer (es war schließlich Sonntag!) der Familie Cartwright erzählt. Stellen wir sie kurz vor. Ben »Pa« Cartwright (Lorne Greene) ist das Familienoberhaupt; seine Frau kommt kurz vor Beginn der Dreharbeiten unter tragischen Umständen ums Leben, er kann sich nicht entschließen, noch einmal zu heiraten, also muß die Serie ohne Miss »Ma« Cartwright auskommen. Ihre Söhne heißen Hoss (Dan Blocker), ein gutmütiger Dicker, der aber auch zuschlagen kann (allwo dann kein Gras mehr wächst), Little Joe (Michael Landon), der Benjamin der Serie, und der »Schwarze«, weil der immer so schwarze Kleidung trägt (seinen richtigen Namen konnte man sich nicht merken, übrigens auch den des Schauspielers nicht). Der englische Titel bedeutet soviel wie »Goldgrube« und ist vermutlich auf die Farm der Cartwrights gemünzt, die sich als sehr einträglich erweist (und auf der dann auch tatsächlich einmal Gold gefunden wird). Das alles war leicht zu verstehen, der Vorspann aber gab uns regelmäßig Rätsel auf. Nach der visuellen Vorstellung des *Bonanza*-Personals wird eine Karte gezeigt, die den recht umfänglichen Cartwrightschen Landbesitz verzeichnet, am Ende Feuer fängt und von innen nach außen verbrennt. Ein Menetekel, wie es im Buche steht – das sich aber nie bewahrheiten sollte, denn natürlich ging immer alles zur vollsten Familienzufriedenheit aus. Nicht selten endet eine Sendung mit dem Abendessen auf der Ponderosa, dem Stammsitz der Cartwrights: Das Kaminfeuer brennt, Hoss lädt sich die dritte Fernfahrerportion (→ Koteletten) Bohnen mit Speck auf, und Pa resümiert noch mal die Message dieser Folge – für uns sinnsuchende Zuschauer da draußen (→ Zynismus). Die Serie war bald so beliebt, daß man sie auch als Kosenamenlieferant beanspruchte. So nannten wir eine gar nicht unbeliebte Gemeinschaftskundelehrerin mit dem Allerweltsnamen Hoppe, in ihrer Abwesenheit, nach dem alten, weisen Schlitzauge, das die Cartwrights bekochte. Na, wer weiß es? Hopsing heißt der chinesische Küchenphilosoph (»Mistel Caltlight«). Durch einen hohen Wiedererkennungswert zeichnet sich die Titel-Melodie aus (gesungen u.a. von Johnny Cash, dt. Fassung Ralf Paulsen; leider konnten wir den Verlag nicht zu einer CD-Beilage überreden): Wahre Fans wollen sie sogar in Schwundstufen, etwa wenn ein Betrunkener sie auf einem Kneipentresen trommelt, als solche identifizieren können.

Bonanza-Rad. Hat nichts zu tun mit der soeben abgehandelten beliebten Fernsehserie. In der Regel orangefarben, aber auch Metallic-Lackierungen erfreuten sich bald zunehmender Beliebtheit. An der Legende vom obligatorischen Fuchsschwanz am Bananensattel oder am geschwungenen Lenker, ohne Zweifel ein Plagiat amerikanischer Chopper-Motorräder der Firma Harley Davidson (→ Kleinkraftrad), ist kaum etwas dran. Nur Versager und Mädchen hatten Fuchsschwänze, und Mädchen fuhren kein Bonanzarad. Die pittoresken Anhängsel dürften mithin viel seltener auf deutschen Radwegen anzutreffen gewesen sein, als gemeinhin angenommen. Die wahren Helden des Kopfsteinpflasters besaßen statt dessen eine Dreigangschaltung, die auch danach aussah: also keine zierliche »Torpedo«-Lenkerschaltung, sondern einen richtigen »Knüppel«, der an der leicht konkaven Mittelstange angebracht war und den ich Jahre später im Rallye-Opel Walter Röhrls wiedersehen durfte. Für weitere Informationen wenden Sie sich deshalb bitte direkt an den Walter-Röhrl-Fan-Club, Sindelfingen.

Bond, James Bond. Aus der Zeit des Kalten Krieges stammen jene ebenso raunenden wie rasenden Erzählungen von dem edlen Genießer, der die Wende zur beginnenden Entspannung verschlafen sollte. Damals aber war die Welt noch übersichtlich, war der Russe als solcher noch böse, folglich der westliche Spion ein Heilsbringer. Sein Schöpfer, der Ex-Geheimdienstler Ian Fleming, hatte zunächst kein Glück mit seiner Bond-Erzählung *Casino Royale*, die Ende der Fünfziger selbst im Fernsehen nicht ankam. Die Geschichten rankten sich also schon sehr früh um den ungekrönten König unter den Agenten, allen voran *Liebesgrüße aus Moskau*, doch der große Erfolg kam erst mit den James-Bond-Filmen, die von Harry Saltzmann und Albert A. Broccoli deliziös zubereitet wurden. Seit *Dr. No* (1962) sollten sie einander von Jahr zu Jahr jeweils mit technischen Kunststückchen, schönen Autos und Frauen übertrumpfen. Aus der Beretta wurde eine Walther PPK, aus dem Bentley ein Aston Martin, dann ein Lotus Esprit und zuletzt sogar ein BMW. Die Bösen waren sowieso meistens Deutsche: Gert Fröbe, Christopher Lee, Curd Jürgens und der angeschlossene Österreicher Klaus Maria Brandauer etwa. Die Gigantomanie der Bond-Filme kulminierte in den Siebzigern, mit dem großen Höhepunkt von *Der Spion, der mich liebte* (1977) und dem ersten von vielen weiteren großen Tiefpunkten, *Moonraker* (1979). Der »selbstironische« Roger Moore (zuerst 1973 in *Leben und sterben lassen*) hatte da längst den kruppstählernen Sean Connery (zuletzt 1971 in *Diamantenfieber*) abgelöst. Die beiden so unterschiedlichen Darsteller waren bis dato mäßige Schauspieler gewesen, sind auch nie gute geworden, haben aber mit der Lizenz zum Töten den Nimbus des ewigen Gewinners gepachtet. Übrigens ist James Bond verwitwet, er war nur für einen Tag verheiratet (vgl. den Roman *Im Dienste Ihrer Majestät*) und vermutlich gerade deshalb stets ein guter Trinker: Trockener Martini aus Gordon's Gin, Getreide-Wodka und Kina Lillet im Verhältnis 6:2:1. »Geschüttelt, nicht gerührt«. A santé!

Brauner Bär. Was ist denn das? Ein Indianerhäuptling, ein muskulöser Afrikaner oder ein bärtiger Nazi? Weit gefehlt! Brauner Bär war ein bekanntes Milchspeiseeis am Stiel – unser liebstes! Nicht so groß zwar, aber unheimlich gehaltvoll. Knusprige Schokolade umhüllte leckeres Mokka-Karamel-Eis – und einen Karamelkern für den kleinen Zuckerschock zwischendurch! Mal abgesehen davon, daß der Name Brauner Bär tatsächlich auf indianische Vorfahren schließen läßt und der Karamelkern das ironische Wortspiel »Kamelkern« erlaubt, war Brauner Bär einfach dufter als etwa das phosphatige → Dolomiti oder der im Dunkeln leuchtende Grünofant. (Hier sind sich die Herren Autoren aber uneins, der Setzer.)

Brinkmann, Rolf Dieter. 1975, kurz bevor Brinkmanns wohl bekanntester Gedichtband *Westwärts 1 & 2* erscheint, kann man in → *BILD*, in literarischen Angelegenheiten immer auf der Höhe, eine brandaktuelle Meldung lesen: »dpa. London, 26. 4. Der 35jährige Dichter Rolf Dieter Brinkmann (›Die Umarmung‹) ist in London von einem Auto überfahren worden. Er starb.« Nicht gerade ein Rock-'n'-Roll-Tod, schon gar kein Heldentod (obwohl einige Dunkelmänner der Szene etwas von Selbstmord raunten oder, noch abseitiger, eine anonyme Erledigung eines ungeliebten Autors herbeilogen). Aber, wer weiß, wenn ihn damals kein Auto erfaßt hätte, dann wäre der Gedichtband vielleicht auch kein Bestseller geworden, hätte man ihm keinen Petrarca-Preis verliehen und vermutlich auch nicht den Heiligenschein der Hochliteratur aufgesetzt. Denn bis zu seinem Tod galt er bei einigen literarischen Kennern zwar als Geheimtip und bei Stipendienvergabekommissionen als durchaus förderungswürdiger Autor, in der breiten Öffentlichkeit aber wurden seine Texte eigentlich nicht wahrgenommen. Mittlerweile geht es ihm wie Arno Schmidt: Eine Fan-Gemeinde schart sich um seine Texte und ergeht sich in tiefsinniger Exegese. Dabei hatte Brinkmann mit deutscher Grübeligkeit nun gar nichts am Hut. Einfach wollte er sein: »Ich hätte gern viele Gedichte so einfach geschrieben wie Songs. Leider kann ich nicht Gitarre spielen, ich kann nur Schreibmaschine schreiben, dazu nur stotternd, mit zwei Fingern. Vielleicht ist mir aber manchmal gelungen, die Gedichte einfach genug zu machen, wie Songs, wie eine Tür aufzumachen, aus der Sprache und den Festlegungen raus«, schreibt er in seiner wahrhaftig etwas stotternden Vorbemerkung zu *Westwärts 1 & 2*. Die Sprache mit ihren Festlegungen sprachlich hinter sich zu lassen, die Einmaligkeit des Augenblicks, der versprachlicht schon wieder einer von vielen ist, trotzdem in Worten festzuhalten, das sind die paradoxen Forderungen an seine, an jede Lyrik. »Einübung einer neuen Sensibilität« heißt das Programm; eine Sensibilität, die sich nicht mehr blind auf Worte verläßt, weil sich mit diesen Keksförmchen nur genormte Figuren aus dem großen Teig des Lebens ausstechen lassen. Deshalb ergänzt Brinkmann schon im Gedichtband *Godzilla* (1968) seine Texte mit hübsch authentischem Bildmaterial: drallen Bikini-Schönheiten aus der Hochglanzpresse. Die logische Folge ist die Text-Bild-Collage, der er sich seit etwa 1971 widmet; am eindrucksvollsten in *Rom, Blicke*, einem postum publizierten Album (1979), das in Fotos, Postkarten, Skizzen, Plänen, eigenen und fremden Texten seinen Aufenthalt in der Ewigen Stadt authentisch, möglichst eins zu eins abzubilden versucht. Eine gigantische Haßlatte: »Schrotti überalli«. Aber Brinkmann bietet hier auch einen recht detailreichen Einblick in die Kulturszene der sich langsam sedierenden Protestgeneration: Kleidungs- und Diskussionsgebaren, Haartrachten, Strategien der Stipendienakquisition und andere Nichtigkeiten des intellektuellen Alltags, die man in keiner Kulturgeschichte findet. Noch andere inkommensurable Scrapbooks – *Erkundungen für die Präzisierung des Gefühls für einen Aufstand* (1987) und *Schnitte* (1988) – werden später aus dem Nachlaß publiziert; sie erreichen nicht mehr die Durchschlagskraft des ersten, sichern allerdings die Altersversorgung der Witwe Brinkmanns. Daneben schreibt er auch weiterhin Gedichte, die den Moment in seiner »totalen Individualität« einfangen wollen: »*Schöner Morgen* // Viertel nach 10 morgens / ein Passagierflugzeug niedrig / über vertrocknetem Gras / Sommerfliegen und Katzen // Auf dem Kiesweg / ein Liegestuhl, leer / im weißen Sonnenlicht / eine Dose Ölsardinen // Drei Katzen zusammen / auf einem Gartenstuhl / der durchgeschnittene Baum / dahinter treibt Schatten //

Ein leerer Schatten / viertel vor 11 hell / auf dem Kiesweg ist / niemand zu sehen.« Der Artikel nähert sich dem Ende und schreit nach einem Fazit: Brinkmann war der »einzige deutsch schreibende Poet (Gedichteschreiber) dieser Jahre, der es wirklich aufnehmen konnte mit den Wörtern« (Klaus Theweleit), beziehungsweise »too much für euch, Leute« (Wolf Wondratschek).

C

Capri. Gab es zweimal: Von Ford und Langnese. Das von Langnese fanden wir besser (Preis: DM 0,50) – denn wenn man es einem Mädchen an die Backe klebte, hielt es ein Momentchen lang von ganz alleine.

Carrell, Rudi. Er war der König der Samstagabend-Unterhaltung. Unvergessen das Fragezeichen auf dem Laufenden Band, das in den Siebzigern nahezu jeden Bildschirm füllte. Seine größte Leistung ist es mitnichten, in nun bald zweiundneunzig Jahren kein Stück Deutsch gelernt zu haben, wie man immer wieder liest, sondern daß es ihn entgegen aller Hiobsbotschaften des World Wildlife Fund auch heute noch gibt. Man sieht ihm, wie neuere Studien zeigen, den Zynismus, mit dem er seine Kandidaten in Spiele schickt, die schon im Zoo langweilig waren, an der Nasenspitze an. Und wahrscheinlich war das nicht einmal hinderlich, um das dumme Publikum, also uns, an die Bildschirme zu locken. Mundus vult decipi.

Carter, Jimmy. Erdnußfarmer, Baptist und »unfähigster Präsident der Welt« (H. Schmidt). Führte das Joggen ein.

Cassetten-Recorder. Natürlich mit »C« (→ Atika)! Wir haben einen von Philips zum Geburtstag bekommen; nebst

einer Biene-Maja-Cassette. Vorteil: perfekter Stereo-Klang, die ganze Klangfülle vollendeter Aufnahmen. Und das so einfach, ganz ohne technische Probleme – nämlich von Compact-Cassetten. Von Aufnahmen, die Sie selbst von Rundfunk oder Platte überspielen oder die Sie als »MusiCassette« fertig kaufen. Aufnahme: über Mikrofon, Radio, Plattenspieler. Wiedergabe: über Stereo-Anlage oder Rundfunkgerät (keine eigene Endstufe). Drucktastenbedienung, Flachbandregler, Zählwerk mit Nullstelltaste, Schnellstoptaste, Löschsperre für »MusiCassette« – einfach toll! Apropos »Aufnahme«: Einmal gab's richtig Ärger, als wir heimlich Omas Geburtstagsrunde aufgenommen haben. Nur so, aus Jux. Bei der nächsten Feier haben wir's dann vorgespielt. Tja, und dann hörte man auf einmal Dinge über Onkel Antons Alkoholkonsum, Unschönes über Tante Erna (»Mönsch, die Erna ist auch alt geworden«); beide waren damals wohl nicht dabei gewesen; jetzt aber natürlich schon. Ja, und dann machte Mutti ganz schnell aus, und ein Weilchen sagte keiner was. Onkel Anton (»soso, interessant. SEHR INTERESSANT!«) und Tante Erna sind dann, glaub ich, etwas früher gegangen. Wenn Sie hierüber Genaueres wissen wollen oder sonst noch Fragen zur Bedienung und Funktion Ihres Philips-Cassetten-Recorders haben, dann fordern Sie doch bitte kostenlos den Katalog »Alle Klänge dieser Welt« bei der Deutschen Philips GmbH, 2 Hamburg 1, Postfach 1093 an.

Catsuit. Kommt in den → Schlechten Siebzigern ganz groß raus. Gerade und überhaupt und vor allem in der DISCO. Die sind irre »sexy« und machen »alles mit«. Gern genommen in knallig-bunt, schwarz (sehr effektvoll mit farblich abgestimmtem Make-up) oder »Glitzer-Look«. Dazu hochhackige Schuhe und falsche Perlenkette, die wie »echt« aussieht. Die Neunziger-Entsprechung der Catsuit heißt übrigens »Leggins«, mit dem Unterschied, daß die Leggins in der Disco nicht mehr »in« sind. Ihr Einsatzgebiet hat sich auf die Felder Mülleimerrunterbringen, Penny-Markt-Einkaufen, Bummeln, Gassigehen, Staubwirbeln (→ blankin), Mülltrennen (→ Katastrophismus), Kochrezeptesortieren und Basteln verlagert. Ganz ähnliches gilt für Ballonseidejogginganzüge – ob Autowaschen, Getränkemarkt, Gartenarbeit, Quizsendung oder Sofa, damit sind Er und Sie »immer angezogen«. Waren in den Siebzigern noch nicht so bunt und »chic«, schon gar nicht aus Ballonseide, hießen dafür aber auch nur nüchtern-sachlich: Trainingsanzug (→ Adidas).

Chansons. Werden jetzt auch in Toitschland (Allemagne) aufgeführt, und zwar von und mit Monsieur 100 000 Volt (Gilbert Bécaud) bzw. dem »Spatz aus Avignon« (Mireille Mathieu). Mon amour, oh la la, »Sie ‘ieß Nathalie …« und »Ganz Paris träumt von der Liebe«. Da regnen mit einem Mal tausend Rosen, da wird nichts, nichts, aber auch gar nichts bereut, »Je t'aime – Moi non plus« gestöhnt und jeder Abschied ist ein kleiner Tod (»Ne me quitte pas«). Genau, so ist es doch: Eine Rose ist eine Rose; das ganze Leben ist eine Rose! Aber wo nur blieb der »Schnee vom vergangenen Jahr« (Joana: »Où sont les neiges d'antan …«). Geschmolzen? (→ Dolomiti; Giscard d'Estaing, Valéry)

Chromklasse. Bei BASF beginnt 1974 die Zukunft des Cassetten-Systems, und zwar auch und gerade für den »musikalisch Anspruchsvollsten«. HiFi nach DIN 45500. »Das heißt mehr Klang-Qualität. Mehr Dynamik. Mehr Wahrheit für jedes Instrument. Wenn Sie in die Chromklasse aufsteigen, werden Sie nur noch Musik hören. Kein Rauschen. 120 Minuten lang«. Die Konkurrenz, freilich, schläft nicht: Memorex hat das MRX_2-Oxide-Band entwickelt. Die Memorex-Cassette ist »so wiedergabetreu, daß Glas zerspringt«. Im Fernsehen sehen wir folgenden Beweis: 1. Ella Fitzgerald live im Tonstudio. Die Aufnahme erfolgt auf Memorex-Cassette. Wird die Live-Stimme, elektronisch verstärkt, wirklich jenen Ton treffen, der Glas zerspringen läßt? 2. Ja! 3. Jetzt ein neues Glas. Die Memorex-Aufnahme wird abgespielt. Hochspannung im Studio: Wird die Cassette wirklich den Live-Ton wiedergeben? 4. Es geschieht! Klirr! Das Glas zerspringt. Die phänomenale Wiedergabetreue ist bewiesen. Trotz allem: Die Chromklasse von BASF ist und bleibt für uns gewissermaßen die S-Klasse der Cassetten. Die barocke Mercedes S-Klasse der Siebziger hinwiederum, ohne allzusehr vom Thema ablenken zu wollen, wird heute nur noch von Luden und ganz obskurem Volk gefahren (Testverbrauch: 22-25 Liter Super verbleit/100 km).

Clapton, Eric. In den → Guten Siebzigern wurde in Fachkreisen über die Frage »Ist Clapton Gott? Oder eine Tucke?« debattiert. Spätestens seit seinem Neunziger MTV-unplugged-Auftritt ist diese Sache auch erledigt: Clapton ist eine Oma (→ Becker, Uli).

Clifton, Perry. Der bekannteste Detektiv nach Sherlock Holmes und sicher die beliebteste Kinderkrimifigur nach James → Bond. Die Geschichten mit ihm haben wir verschlungen, ohne ihren Verfasser sonderlich zur Kenntnis zu nehmen. Wolfgang Ecke war der König der »Schmunzelkrimis«, Urheber zahlloser Detektiv- und Abenteuergeschichten für Kinder und Jugendliche. Dazu war er ja auch schließlich prädestiniert: »geboren dort, wo Karl May starb: in Radebeul«, schlaumeierte der Klappentext. Ecke feierte ähnliche Erfolge wie sein Blutsbruder im Geiste und erhielt 1975 das »Goldene Taschenbuch« für eine Million verkaufter Einheiten! Perry Clifton kroch mit uns durch die mannigfaltigen Imponderabilien des Kinderlebens – in einem Sammelband, pickepacke voll mit allen möglichen und »unmöglichen« lustigen Geschichten. Vorn drauf war dieser Detektivkopf: karierte Schiebermütze, hochgestellter Trenchkragen und qualmende Pfeife. Warum kein Nikotinpflästerchen?

A Clockwork Orange. Daß Anthony Burgess' moralphilosophisches Traktat im Gewande einer Anti-Utopie zu einem Kultbuch jener Zeit werden konnte, lag nicht zuletzt an der suggestiv-visionären Verfilmung durch Stanley Kubrick im Jahre 1971. Kubrick stutzt die Romanvorlage zwar für seine Belange zurecht, überspitzt und verkürzt vielfach (beispielsweise unterschlägt er ganz einfach das harmonisierende letzte Kapitel), alles in allem gelingt es ihm aber, die Story in gültige Bilder zu überführen. Burgess' provokative Auseinandersetzung mit dem Themenkomplex Gewalt und Moral, seine anarchische Haltung gegenüber dem Staat sind weitere Ursachen des Erfolgs: Die revolutionäre Linke fand hier genügend Bestätigung

für ihren Kampf gegen das Establishment, und jene, die das »Politische im Privaten« suchten (→ Neue Subjektivität; Kinderfrage), kamen ebenfalls auf ihre Kosten – zumindest im letzten Kapitel des Romans. Für Furore sorgte auch die Sprache von *Clockwork Orange*. Burgess entwickelt eine eigene Kunstsprache, das »Nadsat«; in diesem fiktiven Teenager-Argot der Zukunft – aus Slawismen, zigeunersprachlichen und altenglischen Slang-Vokabeln – läßt er den Protagonisten Alex, Anführer einer kriminellen Jugendgang, seine Geschichte erzählen.
Die einzige Freizeitbeschäftigung, der Alex und seine »Droogs« nachgehen, ist »krasten, tollschocken, Leute mit der Britwa schlitzen und das Reinraus mit Petiezen« – kurzum: die »Ultra-Brutale«. Alles »echt horrorschow«. Einmal allerdings hat Alex Pech. Bei einem Einbruch erschlägt er eine alte Frau und wird von der Polizei gefaßt, weil seine meuternden Mannen ihn verraten. Er kommt für eine Weile ins Gefängnis, läßt sich aber als Versuchsperson für eine neuartige Resozialisations-, die »Ludovico-Methode« gewinnen, die ihn mittels einer Gehirnwäsche auf das Gute konditioniert, das heißt jeden kriminellen Impuls vollständig ausmerzt. Die Ärzte entlassen Alex, vom Bösen geheilt, aber seelisch so kaputt, daß er sich in der brutalen Gesellschaft nicht mehr zurechtfindet. Er gerät an die politische Opposition, die den repressiv-totalitären Kern der »Rückgewinnungs-Behandlung« längst erkannt hat und mit Hilfe des ersten Opfers Alex die Regierung zu stürzen versucht. Er soll zum Selbstmord getrieben werden, um die Inhumanität der Methode zu beweisen; Alex stürzt sich aus dem Fenster, überlebt aber. Der Innenminister, dem Druck der mittlerweile mobilisierten Öffentlichkeit nachgebend, räumt seinen Fehler ein; die »Ludovico-Methode« wird ein-, Alex wiederhergestellt und mit einem guten Job abgefunden. Im letzten Kapitel zieht Alex mit neuen Droogs herum – die alte Leier, krasten, tollschocken, Leute mit der Britwa schlitzen ... –, macht aber nur noch halbherzig mit. Er wird langsam zu alt für diese Späße. Als er einen alten Kumpanen wiedertrifft, der in-

zwischen geheiratet hat, ein harmloser Bürger geworden und augenscheinlich glücklich dabei ist, beschließt auch er, sich eine »Dewotschka« zu suchen und mit ihr eine Familie zu gründen. Soweit der Inhalt. Worum es thematisch geht, erklärt uns Burgess' Alter ego, ein von Alex brutal mißhandelter Schriftsteller und gleichwohl Gegner der »Ludovico-Methode«, in seinem sinnigerweise ebenfalls *Uhrwerk Orange* betitelten Buch im Buch: »der Versuch, dem Menschen, einem natürlich wachsenden Geschöpf ... Gesetze und Bedingungen aufzuzwingen, die einer mechanischen Schöpfung gemäß wären, gegen diesen Versuch führe ich Krieg mit der Feder«. So erklärt sich natürlich auch der paradoxe Titel. Nach der gelungenen Konditionierung fragt Alex seine Peiniger: »Bin ich denn eine aufgezogene Orange?« Joooah, könnte man so sagen!

Clogs. Heiii, wie das weh tut, wenn Dir damit auf dem Schulhof ein sexuell bedrängtes Mädchen vors Schienbein tritt. »Clog«, geht das. Und, weil's so schön war, noch einmal: »Clog, clog.« Wir haben damals zweierlei gelernt: 1. woher die harten Holzpantinen ihren klingenden Namen haben; und 2. sich vornehmlich um Mädchen mit Turnschuhen »zu bemühen«. Die sind irgendwie auch netter.

Club 2. Die legendäre Talk-Show aus Österreich, wo Nina Hagen später einen superben Auftritt haben sollte. Die größte Sendung findet im Juni 1978 statt. »1968 – zehn Jahre danach«, oder so ähnlich, heißt das von Günther Nenning moderierte Thema – und alle sind dabei: der pomadige Springerspezi Matthias Walden, der beflissene Politik-Professor Kurt Sontheimer, der »rote Dany« Cohn-Bendit und Rudi Dutschke. Zunächst wird über die Frage diskutiert, ob und warum Cohn-Bendit dem »intellektuellen Attentäter« Walden, der mitschuldig sei am Mordanschlag auf Dutschke, nicht die Hand gegeben hat bzw. nicht hätte geben sollen oder vielleicht doch. Walden:

»Also, das kann ich verschmerzen«. Dutschke theoretisiert, Dany knabbert Salzstangen und krault die roten Löckchen. Walden schulmeistert. Dany: »He, Sie ham ja einen Feldwebelton ... Das müssen Sie sich abschminken.« Sontheimer hißt die weiße Fahne: »Ich bin nur ein kleiner Professor und mache da halt meinen Kram.« Nenning outet sich als »guter, braver, langweiliger Sozialdemokrat«. Zu schön das Ganze. Deswegen in Deutschland nur in den Dritten Programmen zu sehen. Keine Sünde wider das öffentlich-rechtliche Ausgewogenheitsdogma! (→ Fernsehen, öffentlich-rechtliches)

Club Méditerranée. Die »Club-Idee« setzt sich durch. Der Club Méditerranée expandiert in den Siebzigern wie verrückt. Unsere Nachbarn (auf dem Klingelschild stand: »Familie Dr. Dipl.-Ing. Berthold Picketanz«) waren z. B. Flaschentauchen in La Caravelle/Guadeloupe und haben gerne davon erzählt, bei einem Weinchen im Partykeller. Zur Begrüßung gab es einen → Jägermeister-Longdrink. Statt einer vernünftigen Tür war die Küche von der »Eßecke« durch bunte Streifen getrennt – wie heißen die noch gleich? –, die am oberen Türrahmen baumelten. Jedenfalls zeigte man damit, und mit hundert weiteren Kleinigkeiten (Duzen mit dem Chef, *The Köln Concert* als Hintergrundgedengel, »Manager-Telefon«, → Digitaluhr, Revox-Tonbandgerät A 700 und – avantgardistischer Höhepunkt – einem »automatischen Anrufbeantworter«, auf den aber nie jemand quasselte), daß man so ein bißchen »verrückt« war. Das gilt nun ganz besonders auch für den Urlaub. Club-Urlaub ist nämlich absolut ideal »für Leute mit jungen Herzen« bzw. für alle Möchtegerns und Gernegrößen. Auf »den ersten Blick ist der Club nicht billig!«, verheißt eine Anzeige. Aber: »Als Individualist leben Sie anders. Freier. Großzügiger. Sie sind ein Mensch voller Aktivität. Sie treiben Sport mit Freude und Einsatz. Und Sie mögen gern gut essen. Kommt hinzu, daß Sie gut verdienen, verglichen mit anderen.« Ganz genau, das liest (neben unserem Herrn Ingenieur) jeder Verwaltungsangestellte und Beamte im mittleren Dienst gerne. Denn soo teuer ist der Club nun auch wieder nicht, wie er uns sogleich vorrechnet; »fast alle teuren Extras« sind nämlich »inklusive«. Sie können z.B. »alles, was die Küche bietet, genießen – soviel Sie wollen! Oder statt einem Glas Tischwein deren fünf trinken. Sie brauchen dafür ja nichts zu zahlen!« Fazit: »Also ist der Club nicht teurer als ein normaler Urlaub!« Z.B. Wasserski auf Korfu/Griechenland, zwei Wochen für DM 1270. Der anschließende dröge Dia-Abend hat dann allerdings Freundschaften gekostet.

Coca-Cola-Kühltasche. Nein, was da alles reinging. Die für jedes gelungene Picknick obligatorische Einliterflasche Coca-Cola (→ Afri-Cola tranken nur Halbstarke, Rocker und Menschen mit Mikrofonfrisuren) ließ sich sogar aufrecht hinstellen; und dann war da immer noch Platz für ein paar gekochte Eier (»aber für jeden nur eins, sonst macht ihr nachher noch kikeriki« – nur Papa durfte zwei essen und sah Mama dabei immer so tief in die Augen), für Wurstbrote, selbstgemachten Johannisbeersaft und Kuchen (immer noch »mit guter Butter«). Ach ja, und männliche Picknickteilnehmer, ob jung oder alt, trugen Sandalen, damit die Füße atmen konnten. Die holde Weiblichkeit ging in hölzernen Clogs, die sich leicht entwenden ließen – usw. usw. Wer den »Frischwärts-Paß« besaß, bekam die Tasche sehr viel billiger. Es lohnte sich also.

Comaneci, Nadia. Das »Turnküken« aus Rumänien (14 Jahre »alt«, gefühltes Alter: sieben). Gewann bei den XXI. Olympischen Sommerspielen in Montreal drei Goldmedaillen. Glückwunsch! Der schwedische Gewichtheber Lennart Dahlgren dagegen war sauer: Er kam nur auf den »undankbaren« 13ten Platz.

Comics. Ein großer Teil der Lesekulturellen, zumindest der angehenden, wandte sich seinerzeit den bunten Strichmännchen und den Sprechblasen zu. Nein, nicht die → *Lustigen Taschenbücher* des seligen Walt Disney kursierten in der kulturellen Halbwelt, es waren die glorreichen Taten von Thor, dem mächtigen Hulk und, wer kennt ihn noch, Mytek! Neben den geradezu obligatorischen Marvel-Comics hatte es uns nämlich vor allem das etwas weniger amerikanische *Kobra* angetan. Auch und gerade die spektakulären quasi-römisch-antiken Science-Fiction-Abenteuer des großartigen Trigan faszinierten uns über mehrere Jahre hinweg (und das will was heißen). Ganz besonders urig aber waren die Abenteuer des Kung-Fu-Kämpfers Dragensjaerte auf dänisch! Man hat halt doch mehr phantasiert als gelesen. Jedenfalls gab's die Fantastischen Vier auch damals schon, und Batman sah noch nicht aus wie Nick Rivers. Das Größte freilich war, als Die Spinne (Marvel-Comics) gegen Superman (Ehapa-Verlag) antreten durfte, die beiden Galionsfiguren der Gerechtigkeit sich vertrugen und gemeinsam auf Lex Luthor und Dr. Octopus einschlugen. Aber das war schon in den Achtzigern.

Cosmos New York. Da spielt er jetzt, 1977, der Kaiser Franz, zusammen mit Pelé. In der neuen Operettenliga. Es folgen dreißig weitere Deutsche, u.a. Karl-Heinz Granitza und der Gerd »kleines dickes« Müller. Besonders beliebt bei den »Dallas Tornados«, ob seiner Tore und kleinen Späßchen nebenbei, ist Willi »Ente« Lippens: »Ente« stoppt Flugbälle statt mit dem Fuß mit dem Hintern, läßt den Ball sekundenlang auf der Schädeldecke tanzen oder zeigt mit dem Finger nach rechts und schiebt dann den Ball nach links. »Jetzt weiß ich auch, warum Dick und Doof aus Amerika kamen«, erklärt er verschmitzt. Wer bei den Amis nicht unterkommt, geht zu den Scheichs, ins Fußball-Entwicklungsland Saudi-Arabien. Die deutschen Stars (z.B. Erich Beer) heißen hier »Mercedes«. Mit der Religion gibt's keine Probleme. Trainer Dettmar »Napoleon« Cramer (der »Professor«) erzählt in seiner leutseligen Art: »Fußball verstößt nicht gegen den Koran. Wir trainieren immer abends, nach der Gebetszeit.«

D

Dalli Dalli. »Und der heutige Gesamterlös, der hervorragende Gesamtgewinn in Höhe von siebentausendachthundertdreiundsiebzig Mark und neunundvierzig Pfennigen ...« (donnernder Applaus), »den unsere Kandidaten so tapfer erspielt haben ...« (Applaus), »geht an die« (die Stimme senkt sich) »Familie Pawlewski«. Pause. »Familie Pawlewski aus Herne. Die Mutter, Erna Pawlewski, starb im vorigen Jahr durch einen tragischen Unfall in der Metzgerei. Sie hinterläßt ihren Mann, den arbeitslosen Staplerfahrer Günter Pawlewski, sieben Kinder und sogar ein süßes, kleines Enkelkind. Ihr Sohn Dieter, 14 Jahre alt, ist schwer herzkrank und muß zweimal in der Woche zu einem Herzspezialisten nach Bad Kissingen gefahren werden. Die zwei Mädchen, Ursula (12) und Cordula (13), brauchen dringend neue Zahnspangen. Liebe Familie Pawlewski! Natürlich vermag unser bescheidener Spielerlös es nicht, die Mutti wieder lebendig zu machen, dieser Verlust läßt sich durch kein Geld der Welt ersetzen. Aber wir hoffen doch, wie ein Tropfen auf dem heißen Stein, die gröbste Not ein wenig lindern zu können...« (warmer Applaus, einzelne Tränen fließen). Was ist dagegen schon der beschämend fade Neuaufguß (dieser einst wabengemusterten Spielshow) im ZDF-Hausfrauen-Mittagsprogramm – garnichts ist das, eine Schande, weder »Spitze« noch Hänschen! Dafür gibt's nicht mal den goldenen Dalli-Rosenthaler.

»DDR«. Axel Springer (*Aus Sorge um Deutschland*) weiß: »Diese Anführungsstriche sind eins der unbequemen Ärgernisse, die es oft in der Geschichte gegeben hat und gibt. Nicht zuletzt deshalb, weil eine geschichtsmüde Gesellschaft kein Gespür mehr für Zeichen nationaler Beharrlichkeit besitzt, wie sie sich in jenem französischen Wort demonstriert, das einst im Hinblick auf Elsaß-Lothringen geprägt wurde und seither als Exempel für geduldige politische Grundsatztreue gerühmt worden ist: ›Immer dran denken!‹« 1988, drei Jahre nach Axels Heimgang, strichen die Springer-Organe die Anführungszeichen. Ein Jahr später fiel die Mauer. Das sind sie, die kleinen aber feinen ironischen Höhepunkte einer komplett idiotischen »Welt« …

DDR-Fernsehen. Alles in allem war die DDR bzw. Erichs Häkeldeckchen-Sozialismus natürlich sehr »deutsch«. Und so war auch ihr Fernsehen. Im Zonenrandgebiet beheimatet, hatten wir die Gelegenheit, uns an *Willi Schwabes Rumpelkammer*, am *Schwarzen Kanal* (mit Sudel-Ede), dem *Festival des politischen Liedes* (natürlich mit Dean Reed, dem tapferen US-Dissidenten) und der Supershow *Ein Kessel Buntes* zu delektieren (nur die dargereichten Blumensträuße waren immer ein bißchen popelig). Und natürlich an den schönen UFA-Filmen – jeden Montag läuft die Reihe *Für den Filmfreund ausgewählt*. Da schnulzen Woche für Woche Johannes Heesters, Rudolf Prack und Marika Rökk um die Wette – »Ufa-Welt« im »Kronlüster-Sozialismus« hat Otto Köhler das einmal genannt. »DDR mit Farbe« (und ohne Anführungszeichen) – damit wurde bei uns sogar geworben, als Papa sich, der Japaninvasion tapfer trotzend (→ SABA), zur Fußball-WM 74 (Sparwasser!) den neuen Grundig-Fernseher kaufte. Die Ultraschall-Fernbedienung war so unhandlich, häßlich und schwer wie ein Kohlebrikett. Nach zwei Stunden waren die Batterien alle. Aber das ist eine andere Geschichte.

Deep Purple. Manni war an allem schuld. Auf einer der wildesten Parties, an die ich mich erinnern kann, legte er diese Scheibe auf: *Made in Japan*. Und zwar begann er mit einer Ballade, die zunächst nur die obligatorischen

»Schneller!«-Rufe provozierte. Sie steigerte und steigerte sich aber, nötigte uns zum heftigsten Einsatz der Luftgitarre und verlangte uns auch gesanglich einiges ab. Was für eine Stimme: erst melodisch, dann aggressiv, dann nichts als spitze Schreie. »Gillan«, rief Manni, »Gillan«! Wir verstanden nichts, aber wir gaben alles, und manchmal trafen wir auch einen Ton. Ich glaube, beim Solo bin ich für einige Sekunden geschwebt. Nach dem ersten Crescendo lagen wir in einer großen Bierlache und genossen die trügerische Ruhe resp. den daniederprasselnden Applaus. Wir hatten uns eben noch genug unter Kontrolle, um auf dem Oberschenkel Orgel zu spielen – da setzte das schrille Stakkato wieder ein. Wir standen Rücken an Rücken und spielten um unser Leben. Unsere Luftgitarren waren Waffen, waren Phalli: volle Ekstase! Gut zehn Minuten dauerte das Spektakel, dann lagen wir in völliger Erschöpfung am Boden, Manni zu Füßen. »Das war noch gar nichts«, sagte der und gab uns mit diesem Riff den Rest. Die Gitarre schlug's satt und trocken, dann übernahm die Orgel den Part und nudelte ellenlang auf vier Tönen rum. Endlich gab's auch Worte zu den Taten, und wer noch Stimme hatte zu singen, der grölte von Rauch und Wasser und Feuer. So war das damals und nichts mehr wie zuvor. Manni schrieb mir den Namen der Band auf einen Bierdeckel, und am nächsten Tag ging ich los und kaufte einen Stapel Platten. Noch heute stehen sie ganz vorn im Regal. Gleich neben *Abenteuerland* von Pur, den alten Haudegen.

Deutschland, bleiche Mutter. Dürfen wir vorstellen: Das ist unser Lieblingsfilmtitel der Siebziger. Platz 2: *Angst essen Seele auf* (→ Katastrophenfilme). Lieblingsserie: *Acht Stunden sind kein Tag*.

Dickste, der. Den Dicksten von allen besaß die Gewerkschaft Öffentliche Dienste, Transport und Verkehr (ÖTV): Es war ihr Vorsitzender, Heinz Kluncker. 1974 konnten nach Streiks der fleißigen Müllwerker 10% Lohnzuwachs durchgesetzt werden. Deshalb, so munkelten einige, gab Willy auf, und nicht wegen Günter Guillaume, der alten Sonnenbrille. Die Antwort kennt der Wind (der Geschichte). Witz gefällig? »Schau mal da, unsere beiden Gewerkschaftsbosse Kluncker und Vetter.« – »Wer ist denn Vetter?« – »Kluncker!«

Digitaluhr. Rot-leuchtend (LED), später mit LCD-Anzeige. Hypostasiert den traurigen ästhetischen Tiefpunkt der Siebziger. Irgendwann in den → Schlechten Siebzigern fallen alle Geschmacksgrenzen, und die Anzahl der piepsenden Zusatzfunktionen steigert sich ins wahrhaft Absurde. 1977 kommt die 145 Gramm schwere HP 01 (Hewlett-Packard) auf den Markt: ein »komplettes Zeitmeß-, Rechen- und Informationszentrum«, wie uns die Brüder weismachen wollen. Inklusive »Normaluhr, Stoppuhr (Hundertstel-Sekunden-Anzeige), Alarm, Kalender, Speicher und Rechner«. Das »Bedienungsfeld« besteht aus 28 Tasten, die – so man Wurstfinger sein eigen nennt – mit einem Stift bedient werden. Preis: 1950 DM. Wir haben Sachen gestoppt – hundertstelgenau –, das ist wirklich zu peinlich, z.B. Tipp-Kick-Spiele. Wenige Jahre später, zu Beginn der Achtziger gab es diese Dinger für 29,90 (von Casio) bei Tchibo. Schließlich und endlich für 4,90 bei Aldi (→ Inflation). Wer konnte das schon ahnen?

Disco-Fever. Dt.: Tanzmanie; hat alle Beautiful People gepackt. Markiert die Rückkehr zur Eleganz und den Übergang zum neuen hedonistischen Zeitalter. Und die Revolte des modernen Menschen gegen Pipapo. Sei's drum, für uns zählen nur der hämmernde Beat und die vibrierende Luft, flatternde Stoff-Flammen, Neonräder und Lichtmasten, kreisende Punktleuchten und die lila Spiegelbar; denn heute gehts mit Mikhail Baryshnikov, Bianca Jagger und Liza Minelli in die Odyssey 2001, New York. Kennen wir aus dem ultimativen Tanzfilm *Saturday Night Fever.* Das Glanzstück ist der von unten beleuchtete Tanzboden. Vorbereitung: Duschen, Platte mit weichem Beat auflegen (das schwere Zeug kommt später) und Einstecktuch überprüfen. Erlaubte Tanzstile: super-cool, cremig glatt oder → Travolta, John. Und immer in den Spiegel geschaut.

Disco-Look. Von entscheidender Bedeutung, und zwar in des Wortes doppeltem Sinne. Zunächst einmal der Look im Sinne von »wie man richtig lukt«, also die technische Frage des absolut coolen Blicks: »Heben Sie Arme und Hände, bis Sie aussehen wie ein Arzt, dem man für eine Operation die Gummihandschuhe angezogen hat, der mit erhobenen Händen zum Operationssaal geht. Während Sie sich bewegen, wenden Sie den Kopf von einer Seite zur anderen. Schauen Sie mal nach unten, als wollten Sie sehen, was da krabbelt, und zucken Sie die Achseln, als sei es Ihnen furchtbar gleichgültig. Und jetzt schauen Sie in den Spiegel. Das ist der Disco-Look« (Kitty Hansen: *Disko Fieber*). Ja, und dann ist da natürlich, zweitens, noch die Frage, wie man sich herausputzt. Hier sind der Phantasie nun wirklich keine Grenzen gesetzt: Gehen Sie doch mal als Polizist, Sex-Monster, Alien, Rudi → Carrell, Handwerker oder Kommunist! Alles ist erlaubt, Hauptsache sexy!

Dolomiti. Kostet exakt 50 Pfennig. Dreht man es auf den Kopf, so sehen die Zacken nicht mehr wie schon mal abgebissen aus oder wie die Dolomiten (!), sondern wie Vampirzähne. Gebrauchsanweisung: Zunächst sind die weißen »Spitzen des Eisbergs« dran. Dann nehmen wir uns den Unterteil, das grüne Waldmeisterzeugs vor. Schlabber, schlabber. Der rote Mittelteil kommt zuletzt an die Reihe. Könner schaffen es, ihn mit einer einzigen »Mundvoll« vom Stiel zu ziehen. Daher auch die typisch roten Lippen. Wie das alles genau schmeckt? Hören Sie doch bitte auf mit so komischen Fragen! Wenn Sie Geschmack »erleben« wollen, dann kaufen Sie sich doch ein Magnum! Im Zeitalter von Genmanipulation, Rinderwahn und Nitritpökelsalz wollen wir von »ungesundem« Wassereis bzw. Kunstspeiseeis schon mal gar nichts hören! So ein bißchen Farbstoff hat noch keinem geschadet! Was anderes: Ein alter Schulfreund hat sich mal wegen eines Dolomitis den Arm gebrochen. Aber das ist eine lange Geschichte. Wer sie wirklich hören möchte, schicke bitte einen frankierten Rückumschlag an den Verlag; Stichwort »Ullo«.

Doppelripp. Das kleine Gerippte ist wieder salonfähig geworden und hat die leidigen Achtziger Tom-Selleck-Boxershorts verdrängt – eine gelungene Siebziger-Mode-Retro, jawoll! So sieht es zumindest die Firma Schiesser, die uns allerorten per Anzeige überreden will, in Unterhosen zu steigen, die mittlerweile selbst unseren Daddies peinlich sind. Wer es liebt, sich selbst zu inszenieren und die nötige Selbstironie aufbringt, so die abgezockte Marketing-Rechnung, der steht über ollen Klischees voll drüber: Doppelripp (mit Eingriff) – »echt cool«. Angeblich gebe es ein »neues Wäschebewußtsein« – unser *Sein* kann das nicht kratzen, nicht mal im Schritt! Kleiner Tip für ganz extravagante Leserinnen: Die Männerunterhose von Calvin Klein unterm Abendkleid (siehe Kate Moss). Zurück über die Gürtellinie!

E

Easy Rider. Die Siebziger Jahre fangen natürlich schon 1969 (→ Siebziger, die Guten) an – auch auf der Leinwand. Und zwar genau am Schluß dieses Films, als reaktionäre Texaner dem Trip der beiden Hippies Wyatt (Peter Fonda) und Billy (Dennis Hopper) quer durch Amerika mit dem Schrotgewehr ein völlig unerwartetes Ende setzen. Der schöne Traum der Sixties von individueller Freiheit und Selbstverwirklichung – zu schön, um wahr zu sein.

Ein letztes Mal kosten Wyatt und Billy das Lebensgefühl der Hippie- und Rockergeneration in vollen Zügen aus; sie huren, saufen, kiffen, schmeißen LSD-Trips ein und tragen eine alle Philister bis aufs Blut reizende Unabhängigkeit zur Schau, dann aber schlägt die Gesellschaft erbarmungslos zurück und stellt Law-and-Order wieder her. Auch vorübergehende Fraternisierung mit den Dropouts wird hart geahndet. So bleibt der ständig besoffene Anwalt George Hanson (Jack Nicholson), ein ansonsten ehrenwertes Mitglied der Gemeinschaft, der sich den beiden für eine Weile anschließt, ebenfalls auf der Strecke. Er wird während einer Rast des Nachts von einem Haufen Rednecks erschlagen. Der Film ist aber nicht nur desillusionierend, wie man vielleicht meinen könnte (und manchmal liest). Es gibt ja noch Drogen – die allerdings auch nicht uneingeschränkt positiv dargestellt werden: Eine ellenlange, für cleane Kino-Verhältnisse deutlich zu lange psychedelische Sequenz in der Mitte des Streifens zeigt durchaus beide Enden der Tüte. Und es gibt ein Leben in der Nachfolge Rousseaus (in Amerika wohl eher Thoreaus), also im Einklang mit der Natur und möglichst fern der Gesellschaft. Die Episode bei einer Blumenkinder-Kommune, die sich für dieses einfache Leben entschieden hat, enthält dann auch die schönste Szene des Films. Es ist spät am Nachmittag. Wyatt und Billy beobachten, wie einige Mitglieder der Kommune – ich glaube, zu *Wasn't born to follow* der Byrds – auf den kargen Sandboden Saat ausstreuen. Billy schüttelt zweifelnd den Kopf: »Das schaffen die nie, das schaffen die nie.« Die Sonne geht langsam unter, und Wyatts Gesicht verklärt sich zu einem Lächeln: »Wird schon, Billy. Wird schon.« Der grandiose Soundtrack, der zum festen Bestand jeder gut sortierten Plattensammlung gehört, läßt noch mal die Crème de la crème der Rockmusik jenes ausgehenden Jahrzehnts Revue passieren: Jimi Hendrix, Steppenwolf, The Byrds, Roger McGuinn, The Band (→ Blues Brothers) usf. Wir erheben uns von unseren Plätzen, Messieurs. Hier geht eine Epoche zu Ende.

Einer flog über das Kuckucksnest. Als da wären: Der genialische Jack Nicholson als »normaler« Strafgefangener McMurphy, die letzte moralische Instanz (Will Sampson, der »Indianer«), eine fiese Oberschwester Ratched (Louise Fletcher, stellvertretend für das → Schweinesystem), immerhin fünf Oscars, ein paar Lacher unsererseits an der falschen Stelle und die Klapsmühle als »satirische Metapher für eine Gesellschaft, die keinen Raum für Individualität bietet«, wie unsere Fernsehzeitung messerscharf erkennt; ja doch, genau *das* ist es!

Emerson, Lake & Palmer. Brechen 1973 von Deutschland aus zur Welttournee auf. Und so geht das ab: Von Purpur- und Indigostrahlenbündeln übergossen, reitet Emerson auf einer Hammondorgel (→ Heimorgel) über die Bühne, läßt am Synthesizer Elektronik-Gewitter darniederprasseln, drischt mit Fäusten und Ellenbogen auf Klaviertasten ein, daß es eine Art hat. Palmer arbeitet wie ein Berserker an einem übermannshohen chinesischen Gong. Von einem Vogel-Monster an Marionettendrähten umflattert, zupft Lake kapriziöse Kadenzen. Ziemlich neurotisch das Ganze, aber irgendwie auch groovy.

EMMA. Es war im schönen Jahre 1977, die Welt war »a man's world«, da schuf Alice Schwarzer das erste Journal für (und von!) Frauen – EMMA. »PorNo«, »Succubus«, »Bad girls go everywhere« und »Who the fuck is Alice?« Heut' hat jeder mal recht! Damals freilich scheute Alice keine Konfrontation und strengte z.B. den »Stern-Prozeß« (→ Herrenmagazine) an. Henri Nannen begrüßte sie aber immer mit einem Handkuß – der alte Galan, der!

Erdbebenjahr. Das Erdbebenjahr war 1976.

Erfindungen. Das Jahrzehnt der großen Erfindungen: Computer, Freie Schule, Tiefkühlpizza, Mikrowelle, SALT II, Fernkopierer, Datenschutz, Rock gegen rechts, ABS (1978), Enduros, Björn Borg (mit Holzschläger!), Rasier-

Doppelklinge (1971), Döner Kebab, Dosenbier, Geldautomaten, Latzhose, SPD-Wahlverein, *Das feuerrote Spielmobil*, Liedermacher, ein Atheist als Bundeskanzler (Brandt), Numerus clausus, Skateboard, Oben ohne, Watergate, Röhm-Tische aus Plexiglas, Haifischkragen, *Drei Engel für Charlie*, Indien-Läden, Alcantara (abwaschbar!), Kinder aus der Retorte, Nouvelle cuisine, Telespiele, Ganzwortmethode, Gatsby-Look, »MusiClock« (Philips), KSZE-Schlußakte, Kniefall von Warschau, Buttons, Super 8, Rollkragenpullover im Pfarramt, »Heisse Tasse«, Hitler-Kult, Kinderläden und Walkmen. Manche Dinge gibt's heute noch.

ESSO. »Pack den Tiger in den Tank.« Noch Fragen?

Eurocheque. Mit dem 1. Jänner 1972 gewinnt der noch relativ junge bargeldlose Einkauf eine europäische Dimension: die Kreditinstitute in der Bundesrepublik Deutschland, in den Niederlanden, Holland, Belgien, den Benelux-Staaten, in der Schweiz und in Warendorf führen einheitliche Schecks und Scheckkarten ein. Zugleich kommen die Gauner überein, den Betrag je Eurocheque von bisher 200 auf nunmehr 300 DM zu erhöhen. Das freut vor allem die Kassiererinnen Frau Bierbrauer und Frau Sauerbier bei Aldi, die jetzt im Schnitt zwölf Schecks weniger pro Vormittag (nachmittags kommen ja die Kinder aus der Schule) auszahlen müssen.

F

Familienleben, vorbildliches. Das bietet uns der Strahlekeks aus Hannover, Ernst Albrecht (CDU), mitsamt seiner reizenden Gattin und der vielköpfigen Kinderschar: Im Fernsehen (NDR) spielen sie gemeinsam Blockflöte. Unter ominösesten Umständen wird Herr Albrecht 1976 niedersächsischer Ministerpräsident. Wäre das nicht der richtige Kanzlerkandidat der Union für 1980 gewesen?

Fernsehen, öffentlich-rechtliches. Privatfernsehen schien noch undenkbar. Progressives öffentlich-rechtliches Fernsehen fühlte sich, insbesondere in seinen dritten Programmen (→ Club 2; Sesamstraße), der Aufklärung (Bildungsauftrag) verpflichtet und glaubte gegen das Vorurteil des »flachen« Mediums ankämpfen zu sollen (→ Klimbim!!). So gab es mal eine Sendung, in der z.B. Niklas Luhmann die Systemtheorie zu erklären suchte. Oder die volkspädagogisch wertvolle Serie *Algebra um acht*. In Reportagen wurden Sorgen und Nöte »kleiner Leute« behandelt. Nach der heilen Försterwelt der Fünfziger und Sechziger wurde im *Tatort* die These vertreten, daß es auch in der bestmöglichen Gesellschaftsordnung (eben unserer) sozialpolitische Probleme gibt, aus denen Gewalt und Kriminalität erwächst (→ Schweinesystem). Die Antithese dazu *Aktenzeichen XY*, die lupenreine Rekonstruktion der Fünfziger (→ Der siebte Sinn). Ach Gott, und was hatte man Zeit damals! Im Fernsehspiel gab's ellenlange Dialoge: Zwei Menschen sitzen (schwarz-weiß) in der Küche und sprechen über »Beziehungen«. Minutenlang sieht man eine Tasse im Bild, die langsam von einer fahrig-zitternden Hand ergriffen wird. Ein Cello spielt eine ukrainische Todesfuge. Auf einmal ein Schrei aus dem Off. Ende. Oder war das jetzt eine Szene aus R.W. Fassbinders *Katzelmacher*?

Fete. Auch die stinknormalste, chauvinistischste Feier im urdeutschen Partykeller wurde plötzlich mit diesem Gallizismus auf europäisches Niveau gehoben – in den kosmopolitischen Siebzigern (→ Atika). Unterm Strich änderte sich allerdings nicht viel. Mit anderen Worten, man trank weiterhin das Bier der Region und bei Professors auch schon mal einen Mosel-Saar-Ruwer, wenn die Gastgeber nicht zufällig eine Bowle vorbereitet hatten (mit Früchten, die seit Weihnachten im Rum lagen, also gewissermaßen rumlagen und endlich ihrer Bestimmung Folge leisten konnten: nämlich den niederträchtigsten Kopfschmerz seit Menschengedenken zu bereiten). In Halbstarken-Kreisen schwor man zusehends auf ein Bacardi-Cola-Gemisch, das unter dem Namen »Neger« firmierte (und liebenswerte Rassismen wie »leider nur flüssig« heraufbeschwor), von dem man allerdings so viele Pickel bekam, daß selbst Clearasil-Hautklärer nicht mehr helfen konnte. Hier galt die Fete als eine Art Vorschule des Lebens – des Geschlechtslebens. Einmal, der ehrenamtliche DJ hatte gerade das hardrocklastige letzte Drittel eingeläutet, sorgte ein Freund mit einer innovativen, sehr zeitgemäßen Strategie für einiges Aufsehen. Er frug vorher höflich an, bevor seine Hand sich weiter vorwagte, offenbar um dem weiblichen Gegenüber ein Gefühl von Mitbestimmung (→ Investitionslenkung) zu vermitteln. »Darf ich dies? ... Darf ich das? ... Darf ich noch etwas höher?« Uns neidischen Kopfschüttlern erschien das alles äußerst lächerlich, aber der Erfolg gab ihm recht. Sie hat zu allem nur »ja« gesagt! Und ist im Jahr darauf sitzengeblieben (→ Schulranzen). Wir hingegen begaben uns, wie gehabt, auf den langen Marsch durch die Institutionen (spätpubertärer Gesprächskultur) – und unterhielten uns sehr angeregt über die nächste Geschi-Arbeit (für die man einfach nicht lernen konnte), den schmerbäuchigen Lehrer K., der die Mädchen betatschte, über die literarische Qualität von *Homo Faber*, *Siddharta* und *Der Fänger im Roggen* oder darüber, ob Udo Lindenberg auf der letzten Tour genauso gut oder vielleicht sogar besser als auf Platte gewesen sei. Wenn aber der Gastgeber eigenhändig zur Tat schritt und die Single *I was made for lovin' you* (→ Kiss) auflegte, unterbrachen wir nicht ungern das Gespräch für eine rasante Partie Luftgitarre.

Fetter Elvis. Hatte den Rock 'n' Roll verlassen und war zum Schnulzenkönig verkommen. Überwinterte in den

Sechzigern in dummen Hawaii-Shirts und noch dümmeren Filmen. Eine Parodie seiner selbst, ein echtes Trauerspiel. Aber ER kam wieder: 1973, bei *Aloha from Hawaii,* sah die gesamte Milchstraße zu, die Philippinos hielten mit 90% Einschaltquote dabei den Weltrekord. ER hatte Gefallen an der Idee gefunden, die Menschheit zu retten, und ließ als Konzertfanfare Richard Straußens *Also sprach Zarathustra* (Text: Friedrich Nietzsche) spielen. Dabei wirkte ER wie ein aufgeblasener Mutant im Paillettenanzug, oder besser: wie der späte Napoleon, in byzantinischer Pracht, beladen mit Samt, Hermelin und Edelsteinen. Einen ersten Vorgeschmack lieferte *In the Ghetto* (von 1969, kurz nach Woodstock!) – so dermaßen beknackt, daß es schon wieder gut ist. Auf jeden Fall das zweitzynischste Lied auf Erden (jetzt überholt von *They don't care about us* von Michael Jackson). Kein Wunder jedenfalls, daß Elvis 1977 die Schnauze voll hatte von seinen korrupten Managern und allem, und bis auf weiteres abtrat. Seit einiger Zeit läßt ER sich, einschlägigen Presseberichten zufolge, hier und da vermehrt wieder sehen: so in einer texanischen Pufferschmiede oder in Disneyworld. Unglaubwürdigen Zeugen zufolge macht ER Werbung für *Budweiser*, arbeitet als Swimming-pool-Cleaner in L.A. oder hat sich aufs Land zurückgezogen. Einmal soll es sogar fast zu einem Auftritt in der Comedy-Serie *Alf* gekommen sein – nur rechtliche Schwierigkeiten hätten dies verhindert. Wie dem auch immer sei: In Wirklichkeit wurde ER natürlich von Außerirdischen abgeholt und lacht sich eins. Wenn Sie Genaueres wissen möchten, bitte mal flugs im Internet bei der »First Presleytarian Church Of Elvis The Divine« reingeschaut! Kleiner Tip von uns.

Filbinger, Hans Karl. Reichsmarinestabsrichter und Ministerpräsident von Baden-Württemberg a.D. Rolf Hochhuth, ein eifriger Aktendichter, hatte Filbinger 1978 als »Hitlers Marinerichter« bezeichnet, wogegen dieser heftig protestierte. Nun fand sich aber ein von Filbinger unterzeichnetes Todesurteil, das er dummerweise vergessen hatte; dann noch eins. Ach ja! Aber das hatte doch damals nur noch formellen Charakter und keine Auswirkungen mehr auf das Schicksal des Angeklagten! Die Mutter eines der Opfer veröffentlichte im *Stern* einen Protestbrief an Filbinger, ehemalige KZ-Insassen demonstrierten öffentlich gegen den Ministerpräsidenten, die Stimmung war am Kippen. Vielleicht hätte Filbinger sich wegen einer Nichtigkeit nicht so weit aus dem Fenster lehnen sollen: Wer das »kommunistische Agitationskürzel BRD« benutze, wolle das feine, wohlklingende Wort »Deutschland« ausmerzen und beweise damit mangelndes Nationalbewußtsein. Es kam, wie es leider nicht immer kommen mußte: Filbinger durfte abtreten und sollte später die nationale Wiederaufbereitungsanlage Weikersheim führen.

Fischer, Bobby. Entspannungspolitik hin, Entspannungspolitik her: noch ruht sie auf festen Säulen, die »bipolare Weltordnung«. Am Schachbrett in Reykjavik treten 1972 im Weltmeisterkampf, stellvertretend für Ost und West, die beiden Gladiatoren Bobby Fischer (USA, der Gute) und Boris Spasski (UdSSR, der Böse) gegeneinander an. Der Gute siegt gegen den Bösen. Danach dreht Bobby völlig ab, wird verrückt und fällt nur noch durch peinliche Schlagzeilen auf. So wird Viktor Karpow (UdSSR, ziemlich böse) der nächste Weltmeister. Der wiederum muß seinen Titel gegen einen neuen Guten, den abtrünnigen Sowjet-Dissidenten Viktor Kortschnoi (nunmehr staatenlos), verteidigen. Der Böse siegt. Jetzt, wir befinden uns schon in den vermaledeiten Achtzigern, fängt es an, kompliziert zu werden: Der neue Gute, Boris Kasparow (ebenfalls UdSSR), steht für Gorbatschow und das »Neue Denken«, der alte Böse, Karpow, für die Breschnew-Ära und Stalinismus. Der Gute siegt. Das Ende Gorbatschows, der UdSSR und des Kalten Krieges zeitigt dann auch das Ende dramatischer Schachweltmeisterschaften. Heute steigt keiner mehr durch: Konkurrierende Schachverbände produzieren konkurrierende Weltmeister (wer ist der Gute, wer der

Böse?); durchblicken können da nur noch Schachcomputer.

Ford Taunus. »Sein Konzept heißt Großzügigkeit. Großzügigkeit in der eindrucksvollen Linienführung. Großzügigkeit im geräumigen Innenraum mit ungewöhnlich komfortabler Ausstattung. Wenn er noch einen Wunsch offenläßt, dann den, ihn zu besitzen. Ab DM 6655.-« Ford – die taten was! (→ Mondauto; Opel Commodore; Golf I)

Frauenemanzipation. Ihre knusprig braungebrannten, nach Twiggy endlich wieder üppigen Körper zieren die Titelblätter der → Herrenmagazine (z.B. *Stern*), sie spielen Hauptrollen in *Schulmädchen-Reporten*, in Millionen Wohnküchen versorgen sie täglich Mann und Familie, sie glänzen brillantenbehangen auf Banketten, sind die guten Geister im Büro: heißbegehrt, hofiert und unselbständig – Frauen. Als einige von ihnen Anfang der Siebziger Jahre das Unterste zuoberst kehren wollten und die in jahrhundertelanger Entwicklung organisch gewachsene Rollenverteilung ohne Not anzweifelten, da wurden sie auch von der Mehrheit des eigenen Geschlechts nur belächelt. Zu gut war man bisher mit den traditionellen Verhaltensweisen gefahren, als daß man sie so einfach hätte über Bord werfen wollen. Doch, wie es gekommen ist, vermag heute niemand mehr zu sagen, die sogenannte Frauenbewegung blieb nicht ganz erfolglos: Frauen initiierten auf einmal Gesetze, die ihnen gleichen Lohn für gleiche Arbeit garantierten; Frauen wollten auf einmal wissen, wie man Autos repariert und Gewinde schneidet; und selbst die Kultur schien ihnen in der althergebrachten Form auf einmal nicht mehr auszureichen, sie gründeten Frauenkabaretts, Frauenrockgruppen (etwa *The Flying Lesbians*), → Frauen-Land-WGs, organisierten Frauenbuchläden etc. Sogar unsere heiligste Bastion, der Paragraph 218 (→ Abtreibung), fiel in ihre Hände und mußte auf einmal reformiert werden. Wo soll das hinführen, frage ich Sie?

Frauen-Land-WG. Das Vorbild existierte vor 10.000 Jahren im Neolithikum: das Matriarchat, ein großes mächtiges Frauenreich. Regiert von einer Mutterkönigin (einer Art GöttIn), verteidigt von einem Amazonenheer. Irgendwo in Südosteuropa. Wahrscheinlich auf Kreta, das Ganze. War der Himmel damals weiblich? Heutige Forscher sind da skeptisch. Jedenfalls beschließt die Frauen-Land-WG im herrschaftsfreien Diskurs, den nächsten Bildungsurlaub in Griechenland zu verbringen. Theoretische Fundierung hält der Frauenbuchladen bereit. Eine kompetente Beratung in Sachen feministischer Literatur ist im männerbeherrschten Macho-Buchladen jedenfalls nicht zu erwarten; und, noch wichtiger: die »Atmo« stimmt. Ein Teechen hier, ein Schwätzchen da. Einfach mal die Seele baumeln lassen – ungestört vom »männlichen Blick«. Gerade die linken Männer sind die übelsten Paschas; diese »sozialistischen Eminenzen« mit »bürgerlichen Schwänzen« – demonstrieren können sie, aber der Abwasch bleibt stehen (→ Hausmann)! Auch nicht verkehrt: Ratgeber, die zeigen, wie frau (bzw. mensch) das Auto selber repariert. Am meisten profitieren davon heute Girlies, aber die sind zugleich am *undankbarsten*!

Fußball, progressiver. Dem »Politik-Fußball-Theorem« (→ Kissinger, Henry) zufolge, empirisch in der Regel auf Bundeskanzler und Bundestrainer angewandt, wird so gekickt, wie gerade regiert wird – und umgekehrt. Enge Überschneidungen gibt es z.B., was Spielweise und Erfolg der CDU/CSU und des FC Bayern angeht. In den → Guten Siebzigern waren Politik und Fußballkunst nach allgemeiner Auffassung auf ihrem ästhetischen Höhepunkt (1972: Netzer! Willy! Europameisterschaft! Haare!). Der »totale« Fußball, eine niederländische Erfindung, setzte bei allen Spielern auf dem Platz absolute Flexibilität voraus; es war die »fußballerische Version der Postmoderne, und die Intellektuellen fuhren voll drauf ab« (Nick Hornby). Heute sind wir allerdings wieder auf dem Boden der Tat-

Der Günter Netzer des Klaviers

sachen, also mitten in der Prämoderne (Hans-Hubert »Berti« Vogts).

Fußgängerzone. Präsentationszonen des Einzelhandels; nach Ladenschluß ohne Bedeutung. Ihre Inneneinrichtung verlief bundeseinheitlich, wie Autobahnmarkierungen: Blumenkübel, Betonkugeln, antikisierte Straßenlaternen, abstrakte Brunnen. Nordsee, Quick-Schuh, Karstadt. Eine Bank, die nicht zum Verweilen einlädt. Und weiter geht's. Nordsee, Quick-Schuh, Karstadt.

G

GAL (Grün-Alternative Liste). Die ungezogenen Öko-Kinder der SPD machen ihren eigenen Laden auf, 1978. Papa Schmidt hatte zu oft gedröhnt: »Solange ihr eure Füße unter meinen Tisch ...«

Gelb-Orange. Die Siebziger-Leitfarbe, ganz wichtig vor allem in der Bungalow-Raumgestaltung. Man konnte gar nicht genug kriegen von ebensolchen Plastikmöbeln – nebst ockeren Fluren und ochsenblutfarbenen Badezimmerfliesen. Papas »Wohnfibel« meint dazu: »Lustig finden wir das gelbbraune Farbmuster auf dem Fußboden. Schwarz gestrichene Wandflächen geben den kräftigen orangenen Farbtönen, der Deckenpaneele aus Eichenholz mit eingebauten Strahlenleuchten und auch den Ganzglastüren einen markanten Hintergrund.« – Das Wohnzimmer: »Farblicher Schwerpunkt ist die dezent dekorierte tiefbraune Wand« – Das Schlafzimmer: »Die grüne Tapete vermittelt Frische, zu der braune und beige Farbtöne die erforderliche Wärme beisteuern.« – Das Badezimmer: »Die Farbkombination gelb – gelb-orange – weiß und Holz stimmt einfach sonnig«. Na eben – diese bunte Pracht stand für a) Sonne, b) Leben, c) Wärme, mithin: für Herz. Davon sollten wir uns heute mal eine tüchtige Scheibe abschneiden.

Geschenktexte. Mit diesen kaltleimgebundenen ocker-beige-braunen Gedichtbroschüren, die spätestens beim zweiten Lesen auseinanderfallen (nie, nie, nie habe ich ein auseinandergefallenes Exemplar gesehen!), zockt der lucy körner verlag die Frauenbewegung so richtig ab. Erdige Naturfarben und Kaltleimbindung senken ganz einfach die Kosten, auf Ökologie wird gepfiffen. Vor allem Kristiane Allert-Wybranitz (Kristiane Allert-Wybranitz ist lucy körner!) gibt den anderen Mädels von der Emanzipationsfront in jenen sprichwörtlich kalten Novembertagen, in denen das Jahrzehnt so langsam vor die Hunde geht, die verlustig gegangene Wärme und Geborgenheit des Mutterleibs zurück. Worte, die streicheln können, schmusen oder auch mal auf die Schulter klopfen, Metaphern, die Dich einfach in den Arm nehmen, Verse, denen man den Kopf in den Schoß legt. Auch die härteste Suffragette braucht bisweilen etwas zum Anlehnen, Liebhaben, Herzen – und hinterher mal sehen. Das ist wichtig! Aber lucy, der Schrecken der Verlage, will den Frauen auch Mut machen, die Feder einmal selbst in die Hand zu nehmen. Wer also nachweislich 500 Produkte aus dem Hause körner gekauft hat, darf selbst ein ganzes Heft mit Gedichten vollschreiben (gegen einen geringen Druckkostenzuschuß von 6000,- DM, alles inklusive). Zugegeben, nicht alle Bändchen sind der Kristiane voll und ganz gelungen, aber lyrische Kleinode wie das folgende entschädigen einen dann doch immer wieder: »Vom Schreiben // Manchmal glaube ich, ein Schwamm zu sein: / Wenn ich richtig voll bin, / Muß ich mich ›ausdrücken‹.«

Giscard d'Estaing, Valéry. Der französische Staatspräsident (beste Freunde: Kaiser Bokassa, Helmut Schmidt) hat 1975 eine tolle Idee: Um »bürgernah« zu wirken, lädt er sich selber bei seinen Untertanen zum Abendessen ein. Dabei könnte sich folgender Dialog ergeben haben, ach was, folgender Dialog hat sich irgendwann ganzganz sicher ergeben. VALERY: Autsch! So eine 'eisse Suppé! – ALAIN (greiser Bauer aus dem Midi, von gutem alten Schrot und Korn): Quelle horreur! Wie peinlische! Suppé trop chaud, zu 'eiss!! Marie!! Komm 'er! – MARIE (A.s verhärmt wirkende Frau): Oh lala, Monsieur le Président! Keine 'aare meer, aber oh lala! Wase für eine Mann! Quel homme! – VALERY (geschmeichelt): Isch vergäbä Eusche, auch wenn Suppé zu 'eiss. – ALAIN (auf die Knie fallend): Vive la France! – Weitere 1975-Ereignisse: Das Jahr der Frau! »Modell Deutschland« in der Bewährungsprobe. Die Volljährigkeit wird auf 18 Jahre gesenkt. Der Rest ist eigentlich nicht so interessant. Also dieses Jahr, 1975, würden wir jedenfalls nicht mitnehmen auf die einsame Insel, wenn wir nur ein einziges Jahr mitnehmen dürften!

Die Goldene Stimme aus Prag. Natürlich Karel Gott.

Golf I. Schlug 1974 ein wie eine Bombe und begründete eine neue Klasse – die des Kompaktautos. Ein echter Bestseller (Neupreis: 8000 DM). Wurde zum legitimen Nachfolger des Volks-Käfers erklärt, weil alle ihn fahren können sollten, der Landwirtsjüngste wie die Arztfrau, die Architektenfamilie ebenso wie der Klinsmann. Ist das nun »demokratisch« oder nur PR? Der geneigte Leser möge richten.

Gorleben. »Mensch, damals vor dem Bauzaun! Ich, allein gegen zehn Wasserwerfer!« Wenn '78er leise träumen …

Gurtpflicht. Herrscht auf einmal auch in Deutschland, wird aber bei Nichtbefolgung nicht sanktioniert. Im Gegensatz zur Neuen Welt: Die amerikanischen Autofahrer werden ab 1974 in Neuwagen mit besonderen Stromschaltungs-Apparaturen zum Anlegen der Gurte genötigt. Erst dann können freie Bürger zur freien Fahrt aufbrechen (→ Verkehrssicherheitsrat). Pfiffikusse, die dem »Watergate auf Rädern« (so ein sichtlich erboster Trucker aus Texas, nennen wir ihn Jim) trotzen, schnallen ihre Gurte einfach hinter sich zusammen – angeschnallt ist nur der Sitz.

H

Haar-Erlaß. Wer als Ordnungshüter lange Mähne trägt, gefährdet die »innere und äußere Funktionsfähigkeit des Berufsstandes«. Seit dem Herbst 1973 haben die West-Berliner Polizisten ihn schriftlich, den Haar-Erlaß. Keinerlei Schonung wird dem zuteil, der sich mit »bis zu den Kinnwinkeln herabreichenden, nicht selten dichtbuschigen Koteletten, Backen- und Kinnbärten sowie Schnurrbärten verschiedener Art« ziert – auch »Backenflies« geheißen. Die Haare dürfen nicht über den Kragen reichen »und müssen am Kopf anliegen (kein Afro-Look)«. Recht so! Wer möchte sich schon gerne von uniformierten Hippies den Weg weisen lassen? Es war eben nicht alles falsch früher. Von wegen Schnauzverbot (»Polizistenbremse«) und so. Die Haare werden übrigens auch zu einem Problem der Landesverteidigung. Sehen sie aus wie bei Uri Geller, beschädigen sie das militärische Erscheinungsbild allgemein, das Ansehen der Bundeswehr im besonderen, und schwächen die Landesverteidigung. Das ist schon mal ganz klar. Haben wir etwa früher *langhaarig* ab 4 Uhr 45 zurückgeschossen? Und nicht zu vergessen die Hygiene!

Hallo Partner, danke schön! Niedlich-rühriger Slogan des Deutschen → Verkehrssicherheitsrates. »Zeig Dein Herz auch auf der Straße. Mehr Freundlichkeit – weniger Unfälle«, lautet der genaue Titel der 71er-Aktion. Um den Gedanken der Partnerschaft noch schärfer zu »akzentuieren« (Wolfgang Schäuble), können Sie auch ein Regencape erwerben, auf dem zu lesen ist: »Partner helfen auch im Regen«. Denn in der Sonne kann ja jeder helfen! Stimmt eigentlich. Ein weiterer Gutmenschenklub in diesen Jahren heißt »Aktion Gemeinsinn e.V.« In Anzeigen sieht man folgendes erschütterndes Bild: Ein Handballer mit schmerzverzerrtem Gesicht und fettem Heiner-Brand-Schnauz, im Begriff ein Tor zu werfen, wird von einem gegnerischen Spieler in den Schwitzkasten genommen, von rechts holt ein weiterer mit der Axt aus. Darunter der dröhnende Slogan: »Freiheit heißt draufschlagen. Wirklich?« Und das Kleingedruckte lautet: »Dieses Bild ist gestellt. Doch wie bewältigen wir eigentlich die Konflikte der Gesellschaft, in der wir leben?« Aber bevor wir noch laut ausrufen können: »NATÜRLICH MIT DER AXT!«, folgt das windelweiche Fazit: »Gegner ja. Feindschaft nein.« Bei Interesse bitte ausschneiden: »Ich möchte wissen, wie Sie sich unsere Rettung vor der Intoleranz vorstellen – schicken Sie mir kostenlos Ihre Schrift ›Sind wir noch zu retten?‹ Aktion Gemeinsinn e.V., Postfach 112, 5300 Bonn-Bad Godesberg«. Kostenlos gibt es übrigens ab 1978 auch die »Shell-Ratgeber«: Nr. 1 Autopannnen; Nr. 2 Autodiagnose; Nr. 3 Autopflege; Nr. 4 Benzinsparen. Schreiben Sie an: Shell Ratgeber-Service, Postfach 602880, 2000 Hamburg 60. Und denken Sie bitte an die neuen Postleitzahlen!

Happy-Joghurt-Stäbchen. Die Süßwarenindustrie verzeichnet 1971 einen »Spezialitätenboom« (→ Hot Dog) – nicht zuletzt dank der Happy-Joghurt-Stäbchen. Ebenfalls neu: Das »Backen im Kühlschrank«. Das geht folgendermaßen: Joghurt-Pulver mit Frischmilch verrühren und ab in den Kühlschrank. Heraus kommt eine Torte, die »so herrlich frisch« schmeckt. Dazu originelles Geschirr und ausgefallene Tischdeko – und schon haben wir ein »buntes Schlemmererlebnis«.

Hare, hare, Krishna. Jedes Vakuum ist ein echter Horror, das ideologische aber vermutlich noch am schwersten zu ertragen. Immer muß man selbst denken. Sakrament, es ist aber auch wie verflixt! Selbst bei einer so wichtigen Frage wie der nach dem erfüllten, eschatologisch einwandfreien Leben, früher hätte man wohl »gottgefällig«

gesagt, bleibt man auf sich selbst gestellt und auf die eigene Urteilskraft verwiesen. Fatal wird es, wenn man letzterer nicht ganz so viel zutraut. Hier springen nun Erlöser, Erneuerer, Retter, Heilsbringer und andere Messiasse in die Bresche und bieten gegen einen geringen Obolus (etwa das schnöde weltliche Vermögen) geistige Führung an. Für beide Seiten in der Regel ein zufriedenstellendes Tauschgeschäft. Aber es gibt natürlich auch in diesem Metier – wie überall – Betrüger, die realiter gar keiner echten göttlichen Offenbarung teilhaftig geworden sind, von Rechts wegen also auch nichts zu offenbaren haben. Häufig las und hörte man davon, daß San Myung Moon, Chef der »Moonies«, recte: der Internationalen Vereinigungskirche, so einer gewesen sein soll. Er meint den ursprünglich paradiesischen Weltzustand in absehbarer Zeit restituieren zu können, aber seine rechtsradikalen Parolen kamen einem irgendwie bekannt vor und hatten schon früher nicht zum Paradies auf Erden geführt. Man mußte sich nur die singenden Moon-Spießer ansehen (etwa auf einem ihrer »God Bless America«-Festivals): breitkrawattige, immerlächelnde Klone mit geleckten Scheitel, die Damen im zeitlos schicken Blumenblüschen – und dann dieser treudoofe Hundeblick. Das sollte die Offenbarung sein? Wenig Originelles bot auch David Berg alias Mose David, geistiges Oberhaupt der Kinder Gottes (später umbenannt in Familie der Liebe), aber seine Utopien standen immerhin in einer guten alten Tradition. Mo empfahl, der »verderbten Gesellschaft« den Rücken zu kehren und die »urchristlichen Gemeinschaften« wiederherzustellen, und outete sich damit als Kompilator von Marx und Rousseau. Und dann gibt es natürlich noch die Scientology-Kirche (auch: »die Firma«), aber da fragen Sie besser John → Travolta. Am sympathischsten war mir allemal Abhay Charan De (in der westlichen Welt besser bekannt als Bhaktivedanta Swami Prabhupada), der die Internationale Gesellschaft für Krishna-Bewußtsein, kurz Hare Krishna, ins Leben rief. Mitglieder dieser Glaubensgemeinschaft erkannte man an ihren → gelb-orangenen

Gewändern und dem fast kahlgeschorenen Haupt, das bei Menschen mit Mikrofonfrisuren bisweilen eine Sottise provozierte: »Ich hab ja nichts gegen kurze Haare, aber gepflegt müssen sie sein.«

Harold and Maude. Ein Kultfilm und Klassiker der Programmkinos. Wenn ein zwanzigjähriger Jüngling aus gutem Hause bei einer beinahe achtzigjährigen, zugegeben etwas ausgeflippten Lady die Nacht verbringt und wenn sich am noch etwas erschöpften, aber seligen Lächeln des jungen Mannes am Morgen danach unzweideutig ablesen läßt, daß die beiden knallharten Sex hatten – dann, ja dann braucht man sich über zuwenig Aufmerksamkeit in der rechten Ecke der Kinokritik nicht zu beklagen. Auch wenn gerade sie es ist, die lautstark betont, daß der Film eigentlich keine Aufmerksamkeit verdiene, jedenfalls nicht mehr »als ein zweiköpfiges Kalb auf einer Landwirtschaftsausstellung« (so ein amerikanischer Kritiker, dessen Namen ich hier nicht nenne, weil man die Toten in Frieden ruhen lassen soll).
Harold, der sich gern auf fremder Leute Beerdigungen herumdrückt, einen Leichenwagen fährt und, um die Aufmerksamkeit seiner gleichgültigen Mutter zu wecken, mit großem Einfallsreichtum Selbstmorde inszeniert, soll endlich erwachsen werden und sich verheiraten. Die von Mom ausgesuchten heiratswilligen Damen schlägt er jedoch immer wieder mit spektakulären Aktionen in die Flucht: Er hat Pech beim Russischen Roulette, geht plötzlich in Flammen auf, hackt sich eine Hand ab ... Sein morbides Leben nimmt eine Wendung, als er bei einer seiner usuellen Stippvisiten am offenen Grab Maude kennenlernt: eine alte Dame, die in einem gemütlich ausgebauten Eisenbahnwaggon lebt (wie weiland »der Nichtraucher« in Erich Kästners *Das fliegende Klassenzimmer*), schon mal ein Auto oder ein Motorrad »enteignet«, einen von der Stadtverwaltung frisch gepflanzten Baum wieder ausgräbt und in den Wald zurückbringt, weil er sich dort wohler fühlt, und einer Art Hippie-Ideologie anhängt, die

auf gesellschaftliche Konventionen pfeift und einer bedingungslosen Selbstverwirklichung das Wort redet. Maude gelingt es, ihren »milky way of life« auch Harold nahezubringen. Und Cat Stevens schnurrt dazu im Titelsong: »If you want to be free, be free.« Harold verliebt sich in Maude – was das gibt, habe ich ja bereits eingangs erwähnt – und bittet sie schließlich sogar, seine Frau zu werden. Aber Maude hat andere Pläne. An ihrem achtzigsten Geburtstag nimmt sie eine Überdosis Schlaftabletten: »Mit fünfundsiebzig ist es zu früh zum Sterben, und mit fünfundachtzig tritt man auf der Stelle.« Gibt es eine bessere Begründung? Harold ist verzweifelt und rast mit seinem Auto die Klippen hinunter, aber der Selbstmordversuch schlägt fehl, wie gehabt. Am Ende steht er unversehrt in einer vom Weichzeichner verklärten Landschaft.
Es ist nicht nur die skurrile, zwar anrührende, aber alles andere als weinerliche Liebesgeschichte, die den Film so sympathisch macht; es sind auch die Sottisen gegen den »American way of life«, den prüden Puritanismus der Upper-Class und gegen eine hoffnungslos obsolete bürgerliche Gesellschaftsordnung, deren Institutionen (Polizei, Militär, Kirche, Wissenschaft) längst zur Karikatur degeneriert sind. Hinzu kommt die grelle Situationskomik, die uns unzählige Lieblingsszenen beschert. Etwa diese hier: Harold bekommt von seiner Mutter zum Geburtstag einen nagelneuen roten Sportwagen der Marke Jaguar; in der nächsten Einstellung sieht man ihn mit Werkzeug, Schweißbrenner und Pinsel, ein paar Sequenzen später fährt er mit einem Jaguar-Leichenwagen vom Hof. Das ist komisch. Wer hier unbedingt widersprechen muß, mag dies tun. Aber er verdient nicht mehr Aufmerksamkeit als ein zweiköpfiges Kalb auf einer Landwirtschaftsausstellung.

Hausmann. Der Don Quixote der Siebziger Jahre. In aller Regel ein vaterloser Geselle mit musischen Neigungen (aufgrund der hypertrophen rechten Gehirnhälfte) und einem ausgeprägten Sinn für die ödipalen Momente im Leben. Der Hausmann hat den Emanzipationsvirus schon mit der Muttermilch aufgenommen und findet deshalb gar nichts dabei, wenn sein liebevolles Weib morgens ins Büro fährt und er sie nach Feierabend mit einer vegetarischen Lasagne überrascht. SIE (ruhig, aber bestimmt): Du, laß doch beim nächsten Mal die Sahne weg, ja, davon bekomme ich immer Sodbrennen, weißt du doch! – ER (erschrocken): Achja, hab' ich vergessen, 'tschuldigung. – SIE (zärtlich, einlenkend): Aber sonst schmeckt es ganz toll, ehrlich Schatz. – Kurz, sie sorgt für einen ausgeglichenen Kontostand, er sich darum, was er am nächsten Tag auf den Tisch bringen soll, denn seine Frau hat vom vielen Bürostreß schon einen ganz verkorksten Magen. Nur Bügeln kann der Hausmann ums Verrecken nicht ausstehen. Daraus entstehen dann zwangsläufig Differenzen, die jedoch auf verschiedene Weise beigelegt werden können (ich beschränke mich auf die vier häufigsten Handlungsschemata): 1. Sie erklärt sich großzügig bereit, dieses Mal eine Ausnahme zu machen, und läßt ganz en passant fallen, daß sie danach vermutlich viel zu müde sei, um noch an irgendetwas anderes als ans Schlafen zu denken – woraufhin er, ihre zweideutige Anspielung beim Frühstück überdenkend, rasch einlenkt. 2. Sie beichtet ihm, mit der Zunge ihre Oberlippe netzend, daß sie es überaus sexy findet, wenn er die Wäsche so richtig rannimmt – woraufhin er die Wäsche so richtig rannimmt. 3. Sie stellt auf stur und spricht beim Abendessen kaum ein Wort mit ihm – woraufhin er entnervt aufgibt und sich herausredet, es sei ja schon gut, er habe nur gemeint, sie müsse doch auch mal lernen, wie das geht. 4. Sie droht ihm mit Taschengeldkürzung – woraufhin ihn die Existenzangst packt und unweigerlich zum Bügelbrett treibt. Zum Abschluß noch die bedenkliche Anekdote von einem besonders indoktrinierten Hausmann. Als dessen Verlobte für eine Weile die Pille abzusetzen gedachte und sich als schönen Liebesbeweis von ihm die Sterilisation ausbedung, zögerte er nicht sehr lange. Die anschließenden drei Monate waren die harmonischsten in ihrer Beziehung, das mußte auch seine Verlobte zugeben, als sie ihm nahelegte, sich eine eigene Wohnung zu suchen. So wird aus dem Hausmann ein Single – der aber ist zeitlos und fällt somit nicht in unseren Kompetenzbereich.

Heavy Metal. Wie jede Musik, die von mehr oder weniger Jugendlichen gehört und gemacht wird, dient auch Heavy Metal vor allem dazu, sich von der Elterngeneration abzusetzen. Sagt man. Bei uns hätte es dieses Extrems gar nicht bedurft, denn unsere Eltern hatten nicht einmal die Beatles wahrgenommen und wären folglich schon bei Shakin' Stevens schockiert gewesen. Freilich muß es einen tieferen Grund dafür geben, daß wir dem Phänomen des Heavy Metal aufgesessen und bis heute treu geblieben sind. Die Ursprünge dieser mieseren, aber präziseren Spielart des Hard Rock haben wir uns ruckzuck zusammengekauft und die weiteren Entwicklungen mit Interesse verfolgt. Man hat ja in den Siebzigern sein ganzes, durch Autowaschen und ödes Flohmarkten sauer verdientes Geld für Platten ausgegeben. Was aber ist eigentlich so faszinierend am Heavy Metal? Sind es die Gewaltphantasien, in denen sich die unterdrückte pubertäre Libido ausleben kann, oder ist es doch das Protestpotential? Ist es die gelegentlich filigrane Behandlung der Instrumente – oder das volle Brett? Wir meinen ja.

Heck, Dieter »Thomas«. Fühlt sich »als Deutscher«. Ist »gerne Deutscher« und hat ein großes Ziel: das Ansehen des deutschen → Schlagers mittels der deutschen *Hitparade* (»Technik: Joachim Tschetschenga«) zu mehren. Wirbt 1972 konsequenterweise für die CDU. 1976 wiederum, im »Freiheit oder Sozialismus«-Wahlkampf, für »Hit-Milch« (»Milch macht Spaß«). Die grün-rot gestreifte Krawatte ist zu dieser Zeit ca. 20 cm breit, auch ist ein gemäßigtes, gleichwohl selbstbewußt zur Schau gestelltes Backenflies erkennbar. Die Zuschauer, so ein Branchenkenner hinter vorgehaltener Hand, verehren »den

Heck« als Autorität, von der sie Orientierungshilfe beim Plattenkauf erwarten. Denn, so Herr Heck: »Ich sage Musik an, die mir selber gefällt«. Jawollja!

Heidewaldbrand. Auf einmal waren Mutti und Papa ganz ernst und schränkten unseren Wirkungskreis ziemlich ein, wir spielten gerade Krieg. »Stellt Eure Fahrräder in die Garage, Kinder!« – »Oooch, nee!« – »Ihr könnt ja auf dem Hof weiterspielen.« – »Geht doch nicht, der Hof ist doch Rußland!« – »Na, dann erobert eben Rußland oder spielt Bürgerkrieg, hahaha!« – »Hää?« – »Das heißt: wie bitte!« Es hat ein bißchen gedauert, bis wir die ungewohnte Aufregung verstanden hatten, aber dann konnte man es auch schon sehen: Leichte Rauchschwaden zogen fern über den Häuserdächern dahin. Am besten konnte man vom oberen Balkon das Geschehen beobachten. Es waren gar nicht die Häuser, die brannten, es war der Wald! Unser Wald! Da unser Balkon so günstig lag – man konnte manchmal sogar die Flammen sehen –, kamen alsbald alle Nachbarn zu uns, der Tumult war groß, die Luft rein: Wir schnappten unsere Fahrräder (die übrigens eben noch Panzer gewesen waren) und rollten Richtung Wald. Weit kamen wir nicht, denn die Feuerwehr sperrte die Zufahrtswege. Aber man konnte die verkohlenden Bäume riechen, die lodernden Flammen knistern hören und die Hitze, diese Hitze! Die war schon ganz unglaublich in diesem wohl heißesten und trockensten Sommer '75, aber hier in der Nähe des Infernos ... puuh! Mit fliegenden Fahnen bliesen wir zum Rückzug, keiner hatte etwas gemerkt. Wir stellten die Fahrräder wieder ab und stahlen uns in die Küche. Erstmal 'ne Brause – gegen den Brand.

Heimorgel. Natürlich von Farfisa. Im Volksmund auch »Schweineorgel« geheißen. Hat sich aus den seligen Fünfzigern bis tief in die Siebziger hinübergerettet. Extreme Menschen nahmen sie sogar im Wohnwagen mit nach Holland zum Campen! Kein Wunder, denn sie ist die Heimorgel der Superlative: neun Chöre, echte Bläser, kräftiges Piano, kristallklares Cembalo, Streicher, Hawaii-Gitarre, Kirchenglocken; Festregister mit fünf verschiedenen Klangkombinationen (3x Orgel, Marimba, Vibraphon); eingebauter Synthesizer (Tuba, Posaune, Saxophon, Violine, Wah-Wah, Portamento, Envelope); Kniehebel für schnelle Klangfarbeneinblendung; 15 Rhythmen, Bravissimo, Extra-men; vier Hochleistungsverstärker. Wird in den Neunzigern u.a. noch von Helge Schneiders kleiner Band (auf der Schlager-Rallye) genutzt.

Herrenhaarschnitt. Keine Frage: sichtbarster Ausdruck der Kulturrevolte von 68. Einen über den Kragenrand – die gutbürgerliche Anstandsbarriere – ragenden Kopfschmuck genehmigen sich um 1972/73 z.B. Gerd Müller, Klaus von Dohnanyi, Johannes Rau, Behördenvertreter, Showmaster und Soldaten aller Teilstreitkräfte (→ Haar-Erlaß). Karl-Heinz Köpcke (»Mister Tagesschau«) erklärt, auf bohrende Nachfrage: »Lange Haare? Natürlich dürften wir das. Bei uns ist aber einfach noch nie jemand auf diese Idee gekommen.« In den lustigen »Pauker-Filmen« ist Theo Lingen der einzige, der einen korrekten Putz trägt. Auch »moderne« Unternehmen wollen dokumentieren, daß sie »auf der Höhe der Zeit« sind, und geben sich mitunter lockengeföhnt. Diese Einebnung der Widersprüche konnte nicht ohne Folgen bleiben: Protest hört auf, Protest zu sein, wenn alle mitmachen. These (lange Haare = Affe, Taugenichts, Studentenführer) und Antithese (lange Haare = Zeitgeist, modern, fortschrittlich) führen zur lauwarmen Synthese (»lang, aber gepflegt«). In den → Schlechten Siebzigern hinwiederum (genauer: 1978/79) »ging der modische junge Mann in den Damensalon und ließ sich Dauerwellen machen. Er gefiel sich, wenn auch blond und blauäugig, in einer mehr oder weniger kurzen Negerkrause« (Ingrid Loschek: *Mode im 20. Jahrhundert*). Ihrer Frisur immer treu – im Guten wie im Schlechten – blieben nur Gerhard Stoltenberg und Horst Tappert (→ Fernsehen, öffentlich-rechtliches).

Herrenmagazine. Seit Anfang der Siebziger gibt's den *Playboy* auf deutsch, sogleich mit einigem Erfolg, der auch die Konkurrenz beflügelt. Noch gibt es einen großen Markt für »anspruchsvolle« Hochglanz-Erotik, denn das → Video muß erst noch erfunden werden. Zuvor galt es mit den Flensburg-Päckchen (für Spätaussiedler zu Sonderkonditionen zu beziehen – informieren Sie sich bitte!), *Deep Throat* (→ Lattmann, Dieter) und natürlich dem Marktführer *Stern* (→ Sternchen) auszukommen. Das Playboy-Häschen mitteninnen ist übrigens nach dem Falkplan-Patent gefaltet. Vorsicht, man kann sich leicht verheddern!

Hobbythek. Die erste große Bastelsendung im deutschen Fernsehen, die auf spielerische Weise pädagogisch fundierte Anweisung mit wissenschaftlichen Hintergrundinformationen kreuzte. Klingt ziemlich dämlich, war aber für alle handwerklich Geschickten mit etwas Geduld der Höhepunkt der Woche. Am 6. Dezember 1974 kam nicht der Nikolaus, da kam Jean Pütz zum erstenmal mit seiner Bastelbude in unsere gute Stube. Und seit über 20 Jahren, das Schulfach »Werken« ist längst dem Programmierkurs gewichen, behält er seinen Weg bei. Irgendwann bemerkten wir freilich, daß Jean Pütz mit seinem Wuschelkopf und dem opulenten Schnauzbart so aussah wie Albert Einstein. Diese kleine »Peinlichkeit« haben wir ihm gern verziehen.

Hochabsätze. Werden ab Sommer 1973 auch vom Herrn gern getragen – wer will schon kleiner sein als die Freundin! Die Dicksohlenbewegung kommt, natürlich, aus den USA. Sammy Davis jr. beispielsweise besitzt gar keine flachen Schuhe mehr, wie wir aus Insiderquellen wissen. Ein Schuhverkäufer aus Oberammergau, schon barfuß 1,80 Meter groß, erzählt uns: »Ohne meine Absätze fühle ich mich nur halb als Mann. Am besten geht das Geschäft bei Samthosenleuten und so crazy Torerotypen.« Nur die Orthopäden sind am Mäkeln. Ob sie wissen, daß die alten

Griechen dicke Sohlen (den Kothurn) schon vor zweieinhalbtausend Jahren in die antike Tragödie einführten? Vermutlich nicht. Schon gar nicht hielt man es für möglich, daß für 1998 der »Clean Chic« sowie der »Retro Summer« angesagt sind. In beiden Trends vereinen sich Stilelemente der muffigen Fünfziger und Siebziger. Lackleder ist auf dem Rückzug zugunsten von Perlatoleder. Grenzenlos ist die Farbpalette, sie reicht von Feuerrot bis zu dezenten Sandfarben. »Interessant«, werden Sie sich jetzt denken, lieber Leser, und Sie haben recht.

Hot Dogs. Kamen mitsamt der Pornowelle aus Dänemark geschwappt: ebenso vierfarbenprächtig, ebenso obszön, aber legal – nur die bundesdeutsche Bratwurstindustrie mopste sich ein wenig. Obwohl die heißen Hunde ja eigentlich schon in den Fünfzigern von Elvis Presley (→ Fetter Elvis) erfunden wurden (»You ain't nothing but a Hot Dog«).

I

Inflation. Eine echte Reizvokabel für das deutsche Gemüt. Das weiß auch die CDU/CSU-Opposition und erinnert daran, daß zuzeiten der letzten großen Inflation ein Pfund Butter 1.600.000 Mark kostete. Ist es bald wieder soweit? Die Bundesregierung geht 1974 zur Gegenaufklärung über und informiert: »Die Bundesregierung hält es für ihre Pflicht, solchen Versuchen, mit den Sorgen und Ängsten der Bürger zu spielen, entgegenzutreten. Deshalb legt sie Fakten vor und informiert. Tun Sie es auch. Kennen Sie jemanden, der schwarzsieht, obwohl es ihm gutgeht? Sagen Sie, was Sie wissen: Daß die Bundesrepublik Deutschland das preisstabilste Land der westlichen Welt ist. Daß die Bundesregierung weiter auf Stabilitätskurs bleibt. Vielleicht geht den Schwarzsehern (→ Fernsehen, öffentlich-rechtliches) dann ein Licht auf. Die Bundesregierung«. Und was sagt der Kanzler persönlich? Helmut Schmidt sagt: »Fünf Prozent Inflation sind mir lieber als fünf Prozent Arbeitslosenquote.« Daß man auch beides zugleich haben kann – Stagflation eben (Stagnation plus Inflation), das stand so nicht beim ollen Keynes (→ Staatsbankrott). Sauerei, aber auch!

Investitionslenkung. Jetzt reicht's. Die Linken in der SPD wollen die Marktwirtschaft abschaffen! Der gute Eindruck, den die Regierung mit ihren Spar- und Konjunkturprogrammen im Herbst 1975 macht, wird nun durch die »beschissene« (Helmut Schmidt) Diskussion über eine etwaige Investitionslenkung »versaut«. Hans Apel empört: »Laßt den Quatsch!« Karl Schiller, der Ex-Superminister, konnte ob der gefährdeten Marktwirtschaft schon lange nicht mehr ruhig schlafen; er schaltete via → BILD, Arm in Arm mit Ludwig Erhard, eine Anzeigenkampagne zur Rettung der Freiheit (→ Easy Rider). Apropos Hans Apel: Der verhindert 1978 die raschere Beratung der Haushaltsvorlage Kanzler Schmidts. Grund: »Im August muß ich mit meinen Kindern in Urlaub fahren«. So banal kann Weltökonomie sein!

Irrtümer. Bitteschön, die lustigsten Irrtümer der Siebziger in hübscher Reihenfolge: 1. Peter Maffay ist ein richtiger Rocker; 2. Der PC wird sich nicht durchsetzen (IBM); 3. Vietnam ehrenhaft verlassen; 4. Spätestens ab 1980 fahren die Autos mit Atomkraft (Ölkrise!); 5. Spätestens 1980 fahren alle Autos mit Sonnenkollektoren (Autofreier Sonntag!); 6. »Kraut-Rock« (z.B. Amon Düül); 7. Rainer Bonhof kann was (Zufallsflanke auf Gerd Müller – 2:1 gegen Holland); 8. Die DDR ist mittlerweile der elftstärkste Industriestaat, noch vor Portugal! 9. Die Verwaltung ist reformierbar; 10. Die Plateausohle kommt nie, nie, niemals wieder; 11. Gelb-Orange kommt nie, nie, niemals wieder; 12. Die Beatles kommen wieder; 13. Ab 1982 wird es touristische Flüge zum Mond geben (Kostenpunkt: 10 000 $, ZZ Top waren Nummer drei, vier und fünf auf der Warteliste); 14. 1990 startet die erste bemannte Mars-Expedition; 15. Eine Wiedervereinigung vor 2050 ist undenkbar; 16. »Fußballballett« (sollte lustig sein) und »Tor des Monats« (gewählt wurde immer das falsche, einzige Ausnahme: der Fallrückzieher von Klaus Fischer gegen die Schweiz); 17. Der Dritte Weltkrieg findet ungefähr 1989 statt, spätestens! 18. Wut und Trauer: Betroffenheit; 19. Klassische Musik auf »originalgetreuen« Instrumenten spielen; 20. Sowjetdissidenten sind Demokraten.

J

Jackenaufnäher. Gaben der sonst eher uniformen Jeans-Jacke so etwas wie eine persönliche Note. Mithin ein kaum zu unterschätzender Ausdruck von subkultureller Identität (trotzdem von der Soziologie noch nicht in ausreichendem Maße beachtet). Das Procedere sah folgendermaßen aus. Man suchte sich eine Jeans-Jacke aus (vorzugsweise der Firma Wrangler, Lee ging noch, verpönt waren Billigprodukte von Bronco und Palomino), ließ sie nach dem Kauf mindestens fünf- bis zehnmal waschen, also etwas ausbleichen, eben getragener aussehen. Danach waren der Phantasie nur mehr durch den Geldbeutel gewisse Grenzen gesetzt. Großer Beliebtheit erfreuten sich jene Flügel-Aufnäher bekannter Motorradhersteller (Kawasaki, Honda, Yamaha), die sich – wie deren Produkte – eigentlich nur im Namen unterschieden. Sie trug man in der Regel auf dem Jacken-Rücken. Auf dem Oberarm machten sich die kleinen viereckigen Aufnäher der klassischen → Kleinkraftrad-Hersteller Zündapp, Herkules und Kreidler ganz gut (die Firma Puch war auf deutschen Oberarmen eigentlich nicht präsent!). Unter »Bikern« sah man auch häufig ein motorradfahrendes Skelett mit der Überschrift »Live Fast – Die Young« (alternativ auch »Ride to Live, Live to Ride«) und ähnlich martialisch anmutende Stoffdrucke. Ganz oben auf der Skala der beliebtesten Motive standen freilich Rock-Bands: allen voran Status Quo, AC/DC, Led Zeppelin, Motörhead, → Deep Purple und natürlich die Stones-Zunge. Kenner kauften Thin Lizzy. Wenn das Taschengeld nicht reichte, schrieben sich einige Übereifrige den geliebten Bandnamen mit Kugelschreiber auf die Jacke – und ernteten einhelliges Naserümpfen dafür. Sie wissen schon, dieses Naserümpfen, wenn sich jemand für Ihre schöne Tätowierung interessiert und Sie einschränken müssen, es sei aber nur ein Kaugummi-Tattoo.

Jägermeister. Wird gern bei »Andi's Grill«, »Bei Atze«, in der »Hexenklause«, der »Silberquelle«, der »urigen« Eckkneipe (Stilmerkmale: Eiche rustikal, Daddelautomat, Mannschaftsfoto, Wimpel, Sinnsprüche/Alltagsweisheiten, Ballonseide, Bierkrüge mit landsmannschaftlichem Emblem etc.) oder schlicht in der gemütlichen »Bierschenke« ausgeschenkt, eingetan, verputzt, eingelöffelt, weggespült und schnabuliert. Richtig schräg, dachten sich da die Techno-Raver. Außerdem ist Trash gerade super-in. Seitdem wird das kultige Kräutergesöff auch zu 160 beats per minute gekippt. So, liebe Gemeinde, und jetzt kommt der Geschichtsonkel, und wir werfen einen kurzen Blick zurück: 1973 ist es nämlich soweit. Der Jägermeister-Hirsch prangt auf der Brust der Eintracht-Kicker aus Braunschweig. Die erste Trikotwerbung der Bundesliga. Leicht war's nicht. Der DFB war lange dagegen und drohte, die Spiele abzusetzen, wenn der Hirsch kömmt. Immerhin sei ein Fußballverein der Gemeinnützigkeit verpflichtet, oder so ähnlich. Nach einigem Hin und Her wird ein Kompromiß gefunden: Hirsch ja, aber nur 14 cm hoch. Wer heute noch einen fies-orangenen Eintracht-Jägermeister-Adidas-Trainingsanzug (die drei Streifen in grün), knalleng, mit Schlag und Kragen, sein eigen nennen darf, der sollte wissen (oder besser nicht wissen), daß er einen echten *Schatz* besitzt. Ach, und noch was zum Thema Trikotwerbung: Der junge Schalker Läufer Jürgen Wittkamp bekannte bereits einige Jahre vor dem Jägermeister-Coup: »Ich würde auch in einem Trikot spielen, auf dem ›Scheiße‹ statt ›Schalke‹ steht. Hauptsache, meine Kohlen stimmen.«

Jeans für Frauen. Der zumeist blaue Baumwolldrillich (auch Nietenhose genannt) symbolisiert die allgemeine Absage an die bürgerliche Bügelfalte. Das modische Äquivalent der Jugendlichkeit blieb auch in den Siebzigern ein wesentlicher Bestandteil der Alltagskleidung, zumeist mit flotten, bunten Aufnähern auf Beinen und Gesäß. Und das nicht zuletzt bei jenen, die sich mit der »Arbeitshose«, wie unser Nachbar immer sagte, ein Stück Jugendlichkeit in den akademischen Oberbau hinüberretten wollten. Die wesentliche Konsequenz der Jeans ist das Verschwimmen der geschlechtlichen Kennzeichen. Waren Hose und Rock seit Jahrhunderten gewissermaßen sekundäre Geschlechtsmerkmale, so kauften 1973, laut Deutschem Hygiene-Museum zu Dresden, nicht zuletzt wegen der Jeans, deutsche Frauen zum erstenmal mehr Hosen als Röcke. Ging die Emanzipation der Frau am Ende doch »in die Hose«?

Jeans-Käfer. Das allererste Sondermodell des KdF-Wagens. Auch hinter einem so fröhlichen Auto steckt natürlich knallhartes Marketingkalkül. Der Name deutet es ja bereits an – die Volkswagen AG versuchte mit diesem Modell neue, eben vornehmlich jüngere Käuferschichten zu gewinnen. Und die Rechnung ging auf. Besonders bei der holden und dank → Frauenemanzipation nun auch verdienenden Weiblichkeit erfreute sich der Jeans-Käfer bald großer Beliebtheit. Er sah aber auch zu schnuckelig aus: mit seinem satten, poppigen → Gelb-Orange, den schwarzen unterbrochenen Zierstreifen kurz über der Trittleiste, die an die Nähte einer echten Nietenhose gemahnten, und seinen schwarzen Kunstledersitzen, die einem schon mal den geschmolzenen → Leckerschmecker oder die verschüttete → Afri-Cola verziehen, den miniberockten Insassinnen jedoch im Sommer regelmäßig den Arsch verbrannten. Die Übersichtlichkeit des Armaturenbretts – um es mal euphemistisch auszudrücken – wirkte sich positiv auf den Kaufpreis aus, so daß der Jeans-Käfer für den sprichwörtlich schmalen Geldbeutel der jungen Erwachsenen halbwegs erschwinglich war. Und wenn es trotzdem nicht reichte, schoß Papa etwas vor – dem männlichen Nachkommen allerdings nur unter der Bedingung, daß man sich wieder einen akkuraten Putz zulegte (→ Herrenhaarschnitt). Das wird auch der Grund für den unverhältnismäßig hohen Frauenanteil unter den Jeans-Käfer-Besitzenden gewesen sein. Man kann sich nun fragen, warum die Designer bei VW ihn nicht blau gelackt haben, wie es der Name ja nahegelegt hätte. Es gibt drei gute Gründe: Erstens ist der farbliche Kontrast zu den schwarzen Zierstreifen (respektive »Nähten«) bei einem sonnigen Gelborange natürlich größer; zweitens hatte man das Jeans-Blau bereits am VW 412, dummerweise einer archetypischen Familienkutsche, erprobt, mit eher mäßigem Erfolg; und drittens sind gelbe Jeans-Hosen in den Siebzigern natürlich keine Seltenheit. Mein Bruder nannte eine solche sein eigen, kurioserweise hatte sie gelbe Nähte. Wer hat nun Recht, VW oder Wrangler?

Jesus. Ein Mann hatte Erfolg in den Siebzigern, wenn er lange Haare trug und einen Bart, »Peace«-Parolen verkündete und gegen Waffen war: so auch Jesus Christus. Aus Amerika wogte eine Welle der Jesus-Faszination zu Beginn des Jahrzehnts nach Europa. »Jesus People«, »Jesus Freaks« und »Kinder Gottes«, so hießen einige der Vorreiter einer ganz erstaunlichen Renaissance des Neuen Testaments. Vor allem einige Stars der Musik-Szene wie Bob Dylan und The Byrds widmeten sich ausgiebig der Erlöser-Thematik, nicht zu vergessen das Musical *Jesus Christ Superstar*, 1970 bereits ein LP-Hit, später ein Filmklassiker. Das schwülstige Stück mit der Musik von Andrew Lloyd Webber und dem Text von Tim Rice erzählt die letzten sieben Tage im Leben des Gesalbten – und bricht 1972 alle Zuschauerrekorde auf dem Broadway. Das Phänomen »Jesus« beschäftigt die Medienwelt, und auch ein Rudolf Augstein läßt sich nicht lumpen: Sein *Spiegel*-Dossier über *Jesus Menschensohn* war dann aber kein Höhepunkt des Dezenniums.

Jogging. → Carter, Jimmy; Trimm Dich.

Jusos. Die heizen der guten alten Tante → SPD mächtig ein: »Vergesellschaftung der Produktionsmittel« und ähnlich Ungutes aus der sozialistischen Folterkammer läßt sich da vernehmen – um Gottes willen! Soviel steht schon mal fest: Von *den* langmähnigen Pennern lassen wir uns den sauer verdienten Bungalow (→ Wohnlandschaft; Rattan) nicht wegnehmen. Das ist auch Rudolf Augsteins Meinung. Andererseits: Darf man, muß man der Jugend den Übereifer wirklich krummnehmen? Und ist das alles schlußendlich nicht auch systemstabilisierend? Wenn Sie Genaueres wissen möchten, fragen Sie bitte beim ehemaligen Chef-Juso Gerhard »Schnitzel« Schröder nach – der hat von allen Stamokap-Analysen mal den Einband gelesen, wie wir aus dem *Spiegel* wissen (→ Investitionslenkung). Immer wieder gerne betrachten wir auch das legendäre Schröder-Juso-Foto, langhaarig mit Rolli und angesetztem Bauarbeiter-Pils – Prost! Halt, bevor wir's vergessen: Wie war eigentlich Herrn Schröders Jugend so, als Sohn einer Kriegerwitwe? Hart, aber herzlich: »Ich habe jahrelang Fensterkitt gefressen.« Donnerwetter!

Jute statt Plastik. Die Siebziger konnten auch ironisch sein. Dieser ökologisch korrekte Beutel aus kratziger Bastfaser nämlich sollte sich später als wahre Krebsbombe erweisen. Pflanzengifte! Ach du »grüne« Neune.

K

Kabarett, politisches. Hat mittlerweile einen üblen Beigeschmack bekommen, man assoziiert damit eine Mischung aus nöligen Siebzigern und politisch korrekten Neunzigern: Gruppenmief, Gutmenschentum, die »Kombi-Kiste evangelisch, SPD und aus Prinzip keinen Fernseher haben« (Max Goldt), beten, kneten, singen und flöten für das Gute, Champagner-Boykott, politisch korrekte Schaum- und Gesinnungssprache – kurzum: linken Kitsch. Das politische Kabarett in der hier betrachteten Dekade hingegen stand noch voll und ganz im Zeichen des fraglos Guten, das mit allen Mitteln (Bloßstellung, Entlarvung, Protest) gegen das Böse ankämpft. Nach dem → Katastrophismus der Achtziger, von Waldsterben über Tschernobyl bis Aids, hat sich nunmehr als Schutzwall gegen die böse Welt ein neuer hedonistischer Zynismus verfestigt, dessen zentrale Botschaft (nach dem Klassiker der Achtziger: »Mein Auto fährt auch ohne Wald«) »Fit for fun« lautet – zu besichtigen etwa in der *Harald Schmidt Show*. Nicht der Ehrliche ist der Dumme, sondern der Gutmensch.

Kambodscha. Immer wenn dieses Wort in der Tagesschau fiel (→ Fernsehen, öffentlich-rechtliches; SABA), wurde es gruselig und wir mußten vorzeitig ins Bett. Ganz Ähnliches gilt für: Idi Amin (Schlächter), Oetker-Sohn (Entführung), Baader-Meinhof (→ Sartre in Stammheim), Poona (Bagwhan) und Niki Lauda (Unfall, Nürburgring).

Katastrophenfilme. Ob es ein allgemeines Krisengefühl war, das die Grundlage schuf, oder eher grassierende Langeweile? In den dekadenten Siebzigern entwickelte sich das Genre des Katastrophenfilms, in den verschiedensten Ausprägungen. Zunächst sind es die technischen Errungenschaften, denen man ein Versagen zutraut: Mit *Airport* (1969) startete ein gutes Bäcker-Dutzend Filme über Flugzeuge in Not, das *Poseidon Inferno* sei für die Schiffahrt genannt, auch *Flammendes Inferno* gehört in diese Reihe, die in gewisser Weise die Tradition von *Titanic* (Remake 1979) und *Hindenburg* fortführt. Hinzu kommen alsbald Naturkatastrophen wie *Erdbeben* und *Horizont in Flammen*. Überhaupt erhoben sich im Film alle Elemente gegen die Zivilisation; Vulkanausbrüche, Sturmfluten, Schnee- und Wirbelstürme durften da nicht fehlen. Ein ander Ding waren die neuen Varianten des Monsterfilms: *Der weiße Hai* hat 1975 eine wahre Epidemie von Die-Tiere-sind-los-Filmen ausgelöst. Krokodile und Schlangen, Löwen und Wölfe, Hunde und Katzen, aber auch Bienen und sogar Frösche und Tomaten wurden neben einer Reihe weiterer Haie auf die Menschen losgelassen. Bisweilen wird sogar die Menschheit als solche bedroht: *Das Omen* (1975) und *Zombie* (1979) projizierten Teufel und Untote in die Gegenwart. Fazit: Allen Katastrophenfilmen gemein ist ihre mehr oder weniger unterschwellige Zivilisationskritik. Die war so unterschwellig, daß sie oben schon wieder rauskam.

Katastrophismus. Ersatzreligion der Achtziger, gestiftet in den → Schlechten Siebzigern, vereint in sich die Antizipation der Apokalypse mit okkasioneller Lebensfreude (»postmoderne Mehrfachkodierung«, wie der Fachmann sagt). So konnte die »zynische Vernunft« (Peter Sloterdijk), der Zynismus als das aufgeklärte falsche Bewußtsein triumphieren (→ Progressiver Alltag). Die Welt ist nicht so, wie sie sein sollte, aber da sie so ist, wie sie ist, macht man – im Bewußtsein des Falschen – das Beste daraus. Zum Beispiel einen BMW.

Kettcar. Damit um den Weihnachtsbaum gurken. Wir waren doch soo jung …

kim. Frauen kaufen selber Autos (→ Jeans-Käfer), lesen eigene Bücher und lassen sich beim Rauchen auch nichts mehr vormachen. »Frauencigaretten« sind »in«. Und zwar so: »kim: schlank und rassig von Kopf bis Glut. schlank im Format. rassig im Geschmack. für Männerhände viel zu chic! ride a little – kim a little«. nur Arschgeigen schreiben nach Punkt groß. und Männer. natürlich. (→ Atika; Frauen-Land-WG)

Kinder. Wenn sie brav sind, sehen sie aus wie der Kinderschokoladen-Fatzke oder der Brandt-Zwieback-Bengel. Auch die Blagen aus dem *Fliegenden Klassenzimmer* mit dem Superpädagogen »Blacky« Fuchsberger sind ziemliche Weicheier. Die schlimmsten Muttisöhnchen aber sind die Luschen auf dem Tipp-Kick-Karton. Wir dagegen, die Halbstarken, versuchen uns an einer Frisur, die der von Rod Stewart (»Ich bin segeln«) ähnelt, und hören Status Quo. Das war's denn auch schon an Revolte. Und dennoch – nix gegen Tipp-Kick.

Kinderbuch. »Kinderbücher sollen geschrieben werden, um Kinder kritisch zu machen«, so eine Expertin; »rororo rotfuchs« macht seinem Namen alle Ehre: Nichtautoritäre Bücher mit gesellschaftskritischer, antikapitalistischer Tendenz (→ Jusos; Schweinesystem). Beltz & Gelberg werben folgendermaßen: »Kinder üben sich im kritischen Denken … Frischwärts, Kinderschimpfe lockert auf! Dazu scharfe Bilder, freche Texte«. Besonders hervorzuheben sind weiterhin die Werke aus dem Quer-Verlag: *Fünf Finger sind eine Faust* und *Kinderbuch für kommende Revolutionäre*. Lernen wir hieraus allerdings, was man antworten könnte, wenn einen der Hausmeister anbrüllt? Oder wird statt des rechten nun der – noch dogmatischere – linke Zeigefinger gehoben? War ja nur 'ne Kinderfrage!

Kinderfrage. »Das Private ist politisch« (→ Progressiver Alltag); also auch die Frage: Wann die → Kinder kriegen?

Vor, nach oder während der Revolution (→ Legitimationskrise)? Gar nicht einfach. Beim Vietnam-Kongreß in der TU Berlin 1968 brachten die Frauen die Kinder einfach mit. Aber die Genossen Väter haben sich alles in allem als sehr unzuverlässig gezeigt: »Flugis« (Flugblätter) schreiben, demonstrieren gegen den Atomstaat, Solidarität mit der Dritten Welt etc. Man kommt zu nix! Im Zweifelsfall: ab in den Kinderladen mit den Kleinen.

King Kong. Leider nur das Remake des wahrscheinlich erotischsten Horrorfilms. Wie alle Hollywood-Neuverfilmungen wäre auch die von *King Kong* nicht weiter erwähnenswert, wenn sie nicht so eindeutig aus den Siebzigern stammte. Und damit meine ich nicht nur die Schlaghosen. Aber von vorne. Dino de Laurentiis produziert 1976 diesen Aufguß so, daß nur noch wenig übrigbleibt vom Flair des Originals. Ganz groß! Eine unbekannte Insel (Manhattan), deren bewohnte Spitze durch eine riesige Holzwand (Wall Street) vom wilden Rest (Bronx) getrennt ist, wird dominiert von einem Totenkopfberg (Empire State Building), wo der Über-Mann King Kong lebt (stirbt). Am Schluß fällt ein großartiger Satz von geradezu schillerscher Güte: »It wasn't the airplanes, it was beauty killed the beast.« – In der Neuverfilmung nun lebt der Affe auf einem Zwillingsgipfel und stirbt am World Trade Center, das eben (1975) feierlich eröffnet worden war; es gibt keine »airplanes« mehr, sondern Hubschrauber, und folglich auch kein Bonmot. Zudem entdeckt nicht ein Filmteam die Neue Welt auf der Suche nach dem King-Kong-Mythos, sondern eine Oil-Company eher zufällig. Denn es geht, ganz zeitgemäß vor dem Hintergrund der Ölkrise, um die Erschließung neuer Rohstoffelder. Der blinde Passagier, der zum Helden avanciert, ist ein Zoologe (Jeff Bridges mit Zottelmähne als Mini-Kong), und die Filmschönheit (eine »delicate, satin-dressed« Fay Wray), die vor der Südseekulisse gefilmt hätte werden sollen, wird zur mal eben aufgelesenen Schicki-Micki-Diva Dwan (Jessica Lange, nahezu ohne Kleidung von wegen der Erotik). Damit opfert der Film gewisse zeitlose Reize wie die Freudsche Traumsymbolik (Über-Mann, das Fremde, das Große, das Urzeitliche usw), die ein gewisser Edgar Wallace der Story unterlegt hatte, einer Siebziger-Krisen-Stimmung und teuren Spezialeffekten. De Laurentiis *King Kong* hat diverse Millionen Dollar mehr gekostet als das Original. Das sieht man, mehr auch nicht. Ein Großteil des Geldes steckt in einem vielumjubelten Riesenroboter, der heute noch in Disneyland bewundert werden kann. Laut Werbung wurden damit alle King-Kong-Aufnahmen gedreht. Alles Schwindel. Tatsächlich hatte man ein bewegliches Gesicht und eine drei Meter große Hand verwendet, und für die Totalen steckte man einen Stuntman in einen behaarten Taucheranzug. Rick Baker hieß er und hatte nach diesem Geständnis seinen letzten Film gemacht. Heute haben die alten Stop-Motion-Tricks von Willis O'Brien beinahe Kultwert. Geradezu kon(g)genial aber, wie man im 1976er-Film den Affen-King einem sensationshungrigen Publikum präsentiert: sein Käfig wird enthüllt – unter einer riesigen Tanksäule! Ja, es ist das schwarze Gold, das die Menschen (und Maschinen) in *King Kong* bewegt; und Schlaghosen tragen sie auch.

Kiss. Folks mit gut sortierter Plattensammlung brauchen eigentlich nur eine Scheibe dieser Gruppe ihr eigen zu nennen, um weiterhin als Folks mit gut sortierter Plattensammlung durchzugehen: diese eine Scheibe, vielmehr diese zwei, denn es handelt sich um ein Doppelalbum, sind jedoch Conditio sine qua non. Jener Meilenstein der zunächst nur maskiert und in martialischem Kostüm auftretenden Bombastrocker nennt sich *Alive II* und beginnt: »You wanted the best, and you got the best. The hottest band of the world – Kiiiissssss.« Und dann geht mit *Detroit Rock City* in Detroit Rock City so richtig die Post ab: »dädel-dädel-dädel-dädel-dädel-

dädel-dädel-dädäää---schrumm---dädäää« – na usf. Die Ansage wurde unter den Jüngern der Band sehr bald zum geflügelten Wort, obwohl auch sie (wie so manches andere Attribut der Band, dem ich mich gleich noch widmen werde) nicht ganz frei von Zweideutigkeiten ist. Viele juvenile, im Englischen vielleicht auch nicht recht heimische Hardrocker verstanden nämlich »hardest band of the world« – und das war nun allemal der Stoff, aus dem abendfüllende Diskussionen sind. Denn wer kannte sie nicht am besten, die härteste Band der Welt (zumal diese Kategorie, anders als die für jeden Interessierten objektiv meßbare der »heißesten Band«, grenzenloser Subjektivität ausgesetzt war)? So wurden denn illustre Kapellen ins verbale Feld geführt, deren Namen allein einen höheren Härtegrad verbürgen mochten als der eher weibische (»Kuß«) unserer Pomp-Combo: »Black Sabbath sind ja wohl tausendmal härter als die.« Im Wortsinne schlagend wurde die Argumentation aber, wenn zum Beweis die etwas spätere Single *I Was Made For Lovin' You* zur Hand war, bei der sich Paul Stanley, Gene Simmons, Ace Frehley und Peter Criss, um die → Kinder einmal beim Namen zu nennen, von profitgeilen Plattenbossen zu einem deutlich discokompatiblen Drum-Track überreden ließen, der den Song an die Spitze der Charts und in die Herzen lokaler DJs trommelte. Wichtiger als die Musik, die spätestens bei den ellenlangen und steinerweichend schlechten Solo-Eskapaden aller vier Musiker arg ins Hintertreffen geriet, war die exaltierte Bühnenpräsentation, die eher an einen überdimensionalen, zum Leben mutierten Comic-Strip gemahnte. Auf dem Höhepunkt jeder Show imitierte Bassist Gene Simmons einen oralen Bluterguß mit rotem Wackelpeter (→ Happy-Joghurt-Stäbchen), schwebte rauchumwallt zum Hallenhimmel und ließ links und rechts von sich Feuersäulen auflodern, um endgültig, aber nie zum letzten Mal zu beweisen, daß in der Hölle noch Licht brennt.

Zu den mehr oder weniger skandalträchtigen Signaturen

der Band gehörten zudem Simmons' außerordentlich lange und bewegliche Zunge, die wohl trotz des Horror-Outfits der vier Recken manchem weiblichen Teenager feuchte Träume bescherte, Paul Stanleys leicht schwuchteliges Gebaren, das so gar nicht zum Heavy-Image passen wollten, und das Doppel-S im Namen, das wohl nicht ganz unabsichtlich SS-Runen nachgebildet war. Manch ein deutscher Schreiberling glaubte überdies monieren zu sollen, daß sich in den gläsernen Plateauschuhen Stanleys ein echter Goldfisch tummelte, der wohl nach jedem Konzert ausgetauscht werden mußte.
Nun, jeder Musiker wird mal erwachsen, und so schien es selbst Simmons, Stanley und Co. nach einer Weile des Erfolgs angeraten (natürlich in den fiesen Achtzigern), ihr wahres Gesicht zu zeigen. Mit der Schminke war aber auch der Lack ab. Ohne Horror-Show entpuppte sich die Band bald als biedere, mittelmäßig talentierte American-Ordinary-Radio-Truppe, für die neidische Rock-Kritiker sie immer gehalten haben. Peter Criss und Ace Frehley verließen die Band, und es folgte eine über zehn Jahre währende Diaspora, in der Stanley/Simmons dennoch recht erfolgreich blieben. Nachdem unzählige Cover-Gruppen mit Original-Outfit ihnen den Boden bereitet hatten, kam es 1996 endlich zur spektakulären längst fälligen Reunion und Regression. Seitdem hat das Böse wieder einen Namen. Und wenn wir alle schön unartig sind, wird die Band vielleicht auch bisweilen in Deutschland vorstellig. »Ace Frehley! Shock me!«

Kissinger, Henry. Der großartige Brillenträger, Weltenlenker und -denker mit dem Brummbaß. Wurde sogar von Monty Python besungen (»Henry Kissinger / How I'm missing yer / You've got nicer legs than Hitler / and bigger tits than Cher / Henry Kissinger / How I'm missing yer / And wishing you were here«). Liebt Strategiespiele (Weltpolitik), Fußball (»Rasenschach«) und Vorträge (100.000 $).

Dieses Dokument ersetzt das Stichwort »Klapprad«

Kleinkraftrad. Gebräuchlicheres Synonym für das hoffnungslos obsolete »Moped« (so hießen es die Alten). Ein motorisiertes kleinhubraumiges Zweirad vornehmlich für die geschlechtsreife Jugend; auf dem Lande, also in dörflich strukturierten Regionen am weitesten verbreitet, weil man hier bisweilen große Entfernungen für die Erlangung des hormonellen Gleichgewichts zurückzulegen hatte. In den 80ern fuhr man eine 80er, in den 70ern keine 70er, wie es die Analogie will, sondern nur eine Fünfziger, woraus aber keine falschen Rückschlüsse gezogen werden sollten. Der Bauerssohn bekam zum 16. Geburtstag eine robuste, in der Regel nicht sehr gepflegte Zündapp (in schmuddligem Grün oder Orange), die bedingte Geländetauglichkeit verhieß und sich auch schon mal mit Treckersprit betanken ließ, ohne es dem Fahrer gleich mit Abwurf zu verargen. Der Proletarier schenkte seinem Sohn nach Abschluß der Volksschule eine heliumblaumetallicfarbene Herkules K 50 RL und achtete peinlich darauf, daß diese wie der bar bezahlte Jahreswagen samstags in der Zeit von 15.30 bis 18.00 Uhr, mithin rechtzeitig zur → ARD-Sportschau gewienert wurde. Metzgersöhne, Arschgeigen und Austriophile besaßen eine honiggelbe Puch Cobra, die wirklich nach Mokick, also nach nichts aussah und von allen abgehängt wurde, weil für Metzgersöhne, Arschgeigen und die meisten Austriophile Begriffe wie »Ritzel« oder »Krümmer« böhmische Dörfer und sie also kaum in der Lage waren (viel weniger noch den Mut aufbrachten), das Gesetz zu mißachten und ihren »Hobel« um die entscheidenden 3-5 km/h mehr Endgeschwindigkeit zu »frisieren«. Ältere Herren, die einst in einer ruhmreichen Kradstaffel Dienst taten und sich gern an die gloriosen Tage der Jugend erinnerten, besaßen eine Kreidler Florett, den schartigen, gleichwohl unzerbrechlichen Säbel unter den Mopeds. Nie habe ich einen älteren Herrn sein Krad nach Hause schieben sehen, denn eine Kreidler Florett verreckte unterwegs einfach nicht. »War noch echte deutsche Wertarbeit, findet man heute ja gar nicht mehr«, erzählte mir jüngst ein einschlägig erfahrener Rentner in der zackigen Art des gewesenen Feldwebels. »Würde mir sofort wieder so eine Maschine kaufen, gibt's aber nirgends zu kaufen, verkauft natürlich kein vernünftiger Mensch.« Noch andere Kleinkrafträder sind zu nennen – aber eigentlich nicht der Rede wert.

Klar! Mit einer Kreidler-FLORETT sind Sie immer auf Zack. Immer dabei. Wo Sie wollen. Wann Sie wollen. Und den Omnibus-Fahrplan können Sie wegschmeißen.
Rauschen Sie mal kurz zu Ihrer Freundin. Holen Sie sie ab. Zur Party. Zum Bummel. Oder zum Trip ins Grüne. Wetten, daß sie gleich mitfahren will?! Wetten, daß sie stolz auf Sie ist?! Auf Sie und Ihre neue Kreidler.
Und Ihre Freunde erst - was die für Augen machen werden!!!
Also - informieren Sie sich doch gleich mal über Ihre neue Kreidler-FLORETT.

KREIDLER: die schnellste deutsche 50-ccm-Maschine im Straßenrennsport!

KREIDLER
Florett

Senden Sie mir bitte Unterlagen über: 2h
☐ das KREIDLER-
☐ Fahrzeugprogramm
die Pfadfinder-Trophäe 1970

KREIDLER FAHRZEUGBAU
7014 KORNWESTHEIM

Klimbim. Eine der dunkelsten Stunden des öffentlich-rechtlichen Fernseh-Humors. Erinnert sich eigentlich noch jemand auch nur an einen Gag dieser Klamauk-Serie? Hier rein, da raus. Vorzeitige Schauspielschulabgänger ohne jede humoristische Disposition, die es auch später allesamt nie zu etwas gebracht haben, sollen die Menschen mit ein paar alten, noch dazu übel memorierten *Hörzu*-Witzen zum Lachen bringen. Das Schreckliche ist nur, halb Deutschland haut sich vor Vergnügen die Schenkel blau. An ihrem Humor sollt ihr sie erkennen! Natürlich war sich der Produzent des begrenzten komischen Talents (so viele Anführungszeichen gibt es gar nicht, wie man sie hier von Rechts wegen setzen müßte!) seiner Akteure durchaus bewußt. Deshalb gab es noch ein besonderes Bonbon dazu, das den Zuschauer bei der »Stange« halten sollte: Elisabeth Volkmann und Ingrid Steeger öffneten in der zweiten Hälfte jeder Sendung mit viel Gekreisch ihr Mieder und boten pralles Menschenleben feil. Aber immer nur einer pro Folge, alternierend, so wollte es die Serien-Ökonomie. Der Gipfel der Frechheit: die Klimbim-Familie, mit einem maskierten Peer Augustinski als Opa, einem mephistophelischen Horst Jüssen als Papa, der Volkmann als alten Schlampe und der Steeger, hier einmal ganz bei sich, als enervierenden »Rotzjöre«. Am Ende der Sendung wurde gesungen. Ingrid Steeger machte sich notorisch »'nen Schlitz ins Kleid« und fand das dann auch noch »wunderbar«. Den musikalischen Epilog haben wir jedoch meistens verpaßt, weil uns Papa gleich nach dem prallen Menschenleben das Umstellen erlaubte. Alles in allem: wirklich nur der Vollständigkeit halber (dagegen → Bonanza).

Kohl, Helmut. Aus der Pfalz. Nur die Brille verhinderte bereits 1976 (»Freiheit oder Sozialismus«) die Kanzlerschaft, darin sind sich jedenfalls seine PR-Strategen einig. Trotzdem: Für Helmut Schmidt ist und bleibt er eine »quantité négligeable«, was ihn ärgert.

Kommunisten bekennen sich zu Christus. Vor allem und besonders in Lateinamerika. Ist doch auch nur zu verständlich: Welcher Marxist möchte schon auf dem Totenbett *Das Kapital* lesen – in lateinisch! Und ist nicht auch die Auferstehung Christi ein kreativer Akt, durch »den die

Geschichte der Zukunft alle möglichen Möglichkeiten öffnet« (Roger Garaudy), weil ja in der Auferstehung der Protest gegen die Realität des Todes, also gegen die Realität schlechthin, am provokantesten ausgesprochen ist? Naja, hoffentlich haben wir das jetzt einigermaßen richtig verstanden. Harry Rowohlt bemerkt dazu, in einem komplett anderen Zusammenhang: »Autorenkino, Regietheater, Befreiungstheologie – alles genau so'n Quatsch wie mittelscharfer Senf!« Das lassen wir jetzt einfach mal so stehen hier.

Koteletten. Sind ab 1974/75 gesetzlich vorgeschrieben. Alle, aber auch wirklich alle über 15 tragen sie jetzt. Klassengrenzen werden überwunden, soziale Milieus erodieren, Gesellschaftsschranken fallen, eine Nivellierung sondergleichen. Bundestagsabgeordnete, Künstler, Postboten mit Berufsverbot, Autoren, Intellektuelle, Kommunisten/Titoisten, Regisseure (mit speckiger Lederjacke), DDR-Dissidenten, die Charta 77 (Václav Havel), Terroristen, islamische Fanatiker (mit kapitalem Schnauz), Sportler, Showmaster (→ Carrell, Rudi), Friedhofsgärtner, Straßenbahnschaffner, Müllwerker, Orient-Teppichhändler, Gebrauchtwagenfritzen und Sozialwissenschaftler – alle machen mit. Am kapitalsten freilich sind sie bei Elvis (→ Fetter Elvis). Heute werden echte Siebziger-Koteletten (nicht die Trash- bzw. Bad-Taste-Ausgabe) eigentlich nur noch in Fernfahrerkreisen und Mecklenburg-Vorpommern getragen.

Kramer, Conny. An jenem Tag, als der wegen kleinerer Drogendelikte der Polizei gut bekannte Fixer Conny Kramer starb, weinten seine Freunde. Es war ein schwerer Tag für sie, weil in ihnen eine Welt zerbrach. Juliane Werding weinte mit. War aber trotz ihres nagenden Kummers noch ganz gut bei Stimme, und so kam es denn, daß Connys Freunde sie schließlich mit dem musikalischen Abgesang betrauten – für den geplanten Conny-Kramer-Gedächtnisgottesdienst, an dem wir alle, aber auch alle

Koteletten in Wohnlandschaft

teilnahmen. Wir sangen mit und tanzten dazu, und es war uns gar nicht genant dabei, denn wir wußten, Conny Kramer hätte es nur so – und nicht anders – gewollt!

Kramer gegen Kramer. Ganz besonders rührend die Szene, wie Dustin Hoffmann (Herr Kramer) sich ganz traurig mit seinem Bengel in der unordentlichen Küche an »Armen Rittern« versucht (→ Hausmann; Progressiver Alltag). Das konnte die Mutti (Frau Kramer) aber besser! Klar wird: Scheiden tut weh.

Zu kritisch sein. Damals hatte die Larmoyanz noch eine redliche politische Heimat: die moralisch-feste Linke. Vor dem Hintergrund eines breiten linksliberalen Backgrounds feierte man sich und die ureigene »Unbequemlichkeit« und

Querdenkerei, man war selbstredend »zu kritisch« für dies und das, weshalb man ganz bestimmt vom Verfassungsschutz observiert wurde. Das man überhaupt noch zu Wort kam, war ein »scheißliberaler« Trick, Ausdruck von »repressiver Toleranz«. Eigentlich das Mieseste überhaupt. Man kannte sogar einen, der vom → Berufsverbot betroffen war. Man besaß Bücher, die Titel trugen wie *Atomstaat*, *Politische Verfolgung in der BRD* oder *Wie links dürfen Journalisten sein*. Ja, und irgendwie war man dann auf einmal Lehrer mit A13 und Mazda 323. Heute kommt die Larmoyanz von rechts daher. Wieder vor dem Hintergrund einer mittlerweile rechts gewendeten Mehrheitskultur plappert man abermals mit, im großen rechten Plapperchor, immer in der Überzeugung, unerhört »unbequem« zu sein. »Tabus« werden gebrochen, nonkonforme »Wahrheiten« ausgesprochen, daß es nur so kracht. Ewiggestrig sind die Politisch-Korrekten, die linken Gesinnungsmafiosi. Nun ist es aber so, daß, nach unserer vorsichtigen Schätzung, auf 99 Tabuverletzer 1 Politisch-Korrekter kommt; was wieder einmal zeigt, daß es eben nichts Bequemeres als Unbequemlichkeit gibt und kaum etwas Opportunistischeres, als »kritisch« daherzukommen.

Kung Fu. Die Vorabendserie mit David Carradine als exotischem Handkantenglatzkopf in einem ungerechten und ziemlich billig produzierten Wilden Westen entwickelte sich zur Überraschung vieler zu einem echten Renner. Beliebt vor allem bei den Teens, die in ihrer Freizeit nicht nur Fußball spielten und sich folglich irgendwo anders ihrer Aggressionen entledigen mußten. »Ich erinnere mich«, begann das immer mit einer Rückblende, »an meinen Meister Yu Kang im Kloster von Kiwili«, und dann gab's zunächst ordentlich was auf die Mütze des Helden. Vielleicht imponierte die fernöstliche Philosophie der Gewaltlosigkeit den Fernsehverantwortlichen, uns hingegen eher diejenigen Szenen, in denen sich der eine halbe Stunde lang gedemütigte Kwai Chang Caine dann doch einmal seiner harten Hände und flinken Füße bediente (natürlich in Notwehr!). Dieser Umschlag respektive die daraus resultierende Schlägerei, die mit hochmoderner Superzeitlupentechnik zelebriert wurde, faszinierte auch den Empfindsamsten unter uns. Eins rauf mit Mappe.

L

Lattmann, Dieter. Sensibler Literat, 1972 für die → SPD in den Bundestag eingezogen, der unter die parlamentarischen Macher fiel und für 1980 nicht mehr kandidieren will. Nach dem knappen 1976er (»Freiheit oder Sozialismus«) Wahlsieg der SPD/FDP-Koalition sind die Mehrheitsverhältnisse im Bundestag verdammt eng. Aber ständig gegen die eigene Gesinnung (Anti-Terrorgesetze, Kernenergie, Nachrüstung etc.) und für Helmut Schmidt stimmen, macht auch keinen froh. Pech gehabt: Das Dilemma des Abgeordneten Lattmann ist das Dilemma einer SPD in Regierungsfunktion.

Leckerschmecker. Ein sonniger Nachmittag, keine Hausaufgaben, ein orangefarbenes → Bonanza-Rad unterm Hintern und 35 Pfennige in der Tasche – das war das Glück. Ab ging's zum nächsten »Kaufladen«, Kiosk oder Friseur (der auf dem Dorfe mit einem kleinen, aber erlesenen Süßigkeitensortiment ausgestattet sein mußte, um viertel- bis halbwüchsige Autochthone, alles angehende Stammkunden, schon frühzeitig für sich einzunehmen), die vier Geldstücke auf den gläsernen Tresen geknallt – und die zuvorkommende Frage der freundlich lächelnden Bedienung abgewartet: »Na, willste 'nen Leckerschmecker?« Jaaa, genau den wollten wir! Der Leckerschmecker war ein mit Vollmilchschokolade glasiertes Weichkaramelgitter in der Größe eines Dreißig-Zentimeter-Lineals – und deutlich mehr als die Summe seiner Zutaten. In ihm materialisiert sich Kindheit, eine unendlich eintönige, sterbenslangweilige Kindheit auf dem Lande (→ Heidewaldbrand), die ohne dieses Palliativ einfach nicht zu ertragen gewesen wäre. Nie sah man Erwachsene nach dem Friseurbesuch mit einem Leckerschmecker von hinnen ziehen, sie wußten andere Mittel und Wege (sehr viel später sollten wir ebenfalls Bekanntschaft mit ihnen schließen), ihren ruralen Ennui zu bekämpfen. Auch scheint die Form wohl eher kindlichen Ansprüchen gerecht geworden zu sein, genauso der Produktname. Wenn es Papa oder Mama geniert haben sollte, einen Leckerschmecker zu verlangen, weil der zeitweilig in der Stube arrestierte Sohn nicht selbst zur Stelle sein konnte, war das nur ausgleichende Gerechtigkeit für jene grausamen Momente, in denen man uns zum Eisholen schickte und wir – eine mittlere Menschenschlange im Rücken – das obszöne Kluten einfach nicht ohne Erröten über die Lippen bekamen. Häufig logen wir zu Hause: »Kluten, gab's nicht mehr. Hab' Dir ein Happen mitgebracht.«

Legasthenie. Bereits einige Jährchen zuvor von fortschrittlichen Pädagogen erfunden, gelang ihr in den Siebzigern der volle Durchbruch. Zunächst das medizinisch anmutende Wort, dann die passende Krankheit. Eltern können stolz sein auf ihre diagnostischen Fähigkeiten und darauf, daß ihre Kinder nicht aus Blödheit die Buchstaben vertauschen, sondern weil sie krank sind und/oder weil ein Stück weit auch die Gesellschaft an der Malaise schuld ist. Und ab geht's zum Schulpsychologen.

Legitimationskrise. Ist die spätkapitalistische Industriegesellschaft überhaupt noch zu regieren? Diese Frage eint Philosophen, rechte Staatstheoretiker und Marxisten. Dazu gezwungen, die Garantie für das Wirtschaftswachstum zu übernehmen, wird der vermeintlich übermächtige Staat zum Gefangenen des Marktes – ein Muskelprotz, der vor Kraft nicht gehen kann, wenn man so will. Die Frage ist nur: Was muß verändert werden? Die Gesellschaft (Marx) oder der Mensch (Heidegger)? Revolution oder Meditation? Was ist, nur mal angenommen, im Falle der Revolution mit der Bundeswehrmacht? Wo wird sie stehen? Viele Fragen bleiben offen.

LEGO. Was heute kaum noch einer weiß, es gab mal eine Zeit des Kreativspielzeugs. Kinder, Kinder, damals gab es noch Bausteine, die nicht ferngesteuert waren oder piepten! Man konnte so viele verschiedene Panzer damit bauen, es war die wahre Pracht. Schön bunt, wenn man wollte, oder doch eher uni. Jedenfalls hatten wir jeder eine große Ariel-Tonne voller LEGO-Steine, die sich zu Geburtstagen und Weihnachtsfesten immer füllte und in den Zwischenzeiten ebenso beständig wie merkwürdig leerte. Nachbars Jüngster hatte irgendwann mehr Steine als wir alle zusammen …

Lichtorgel. Kleines Plastikkästchen in den Farben der Saison (also meistens in Orange), das etwa die Größe von zwei übereinandergestellten Zigarrenkartons mit abgerundeten Ecken besaß. Ab Werk gehörte eine sogenannte »Lichtleiste« dazu, die mit einer roten, gelben und wahlweise grünen oder blauen Lampe bestückt und dazu angetan war, jedes Jugendzimmer beziehungsweise den elterlichen Partykeller in einen ganz respektablen Hexenkessel zu verwandeln – jedenfalls wenn die äußerlichen Lichtverhältnisse es zuließen oder sich eine Verdunkelungsmöglichkeit bot. Man mußte beim Kauf darauf achten, daß die Lichtorgel mit drei Kanälen (je einem für die Höhen, Tiefen, Mitten) und vier Reglern (einem zusätzlichen für die Gesamtempfindlichkeit des Geräts) ausgestattet war, obwohl mir andererseits nie eine untergekommen ist, die diese technischen Details nicht aufwies. Vermutlich haben die Gerätehersteller selbst jene Losung ausgegeben, weil sich für noch weniger als drei Kanäle und vier Regler der Aufwand gar nicht gelohnt hätte. Wie auch immer, die Lichtorgel wurde an die → Stereoanlage angeschlossen, man lud sich Gäste ein, legte ein paar Scheiben von → Kiss oder → Sweet und für die Mädchen auch schon mal → ABBA auf (verkopfte Intellektuelle hörten lieber → Emerson, Lake & Palmer, nannten aber keine Lichtorgel ihr eigen, haben in diesem Artikel also absolut nichts verloren): die Stimmung kam dann meistens ganz von selbst. Die Siebziger waren eben auch ein genügsames Jahrzehnt. Was man an der Lichtorgel hatte, wurde einem bisweilen schmerzlich bewußt: Wenn sie auf dem Höhepunkt einer hemmungslos exzessiven → Fete, wo sich das Beziehungskarussell wieder eine Runde weiterdrehte (die Siebziger waren eben auch ein genußsüchtiges Jahrzehnt: → Katastrophismus), plötzlich den dreikanaligen Geist aufgab. Das waren Stunden schwerer Not – mit voller Deckenbeleuchtung und unruhig an der Hosennaht kratzenden Händen, die sich plötzlich nichts mehr trauten.

Love Story. Also eins vorweg. Wer bei diesem Film nicht Rotz und Wasser geheult hat, ist ein herzloser Dreckskerl, und ich spreche kein Wort mehr mit ihm. Kaltschnäuzige Kritikaster haben diesem Meisterwerk gleich nach seinem Erscheinen Gefühlsduseligkeit, Larmoyanz, und was dergleichen Synonyma mehr sind, vorgeworfen und damit nicht eigentlich den Film, sondern das Genre verdammt. Einem Rührstück Weinerlichkeit anzukreiden ist nämlich nicht nur wohlfeil, es wirft auch jegliche kritische Prinzipien über Bord: Wenn ein originärer Schmachtfetzen, der überdies durch den Titel schon von weitem als solcher zu erkennen ist, wenn der nicht mehr tränentreibend sein darf, ja, bei meiner Treu, wer denn dann? Das ist etwa so, als würde man George Lucas Vorhaltungen machen, weil in → *Star Wars* Raumschiffe vorkommen. Aber zur Sache. Oliver (Ryan O'Neal), Sohn aus reichem Elternhaus, lernt auf dem College die circenhafte Jenny (Ali MacGraw) kennen, ein Kind italienischer Einwanderer und entsprechend arm; sie verlieben sich ineinander und wollen schon nach kurzer Zeit heiraten. Olivers standesbewußter Vater mißbilligt eine Hochzeit, es kommt zum Zerwürfnis, woraufhin die väterlichen Unterhaltszahlungen ausbleiben. Durch Gelegenheitsjobs sichert Jenny, die dafür ihr Studium aufgegeben hat, die Subsistenz der Frischvermählten und finanziert Olivers Jura-Studium. Der besteht mit Auszeichnung und bekommt eine gutdotierte Anstellung in einem New Yorker Anwaltsbüro. Das Glück wäre vollkommen, würde sich nun auch ein Kind einstellen. Als Jenny nach Monaten immer noch nicht schwanger ist, unterziehen sich beide einer ärztlichen Untersuchung. Die bringt die grausame Wahrheit an den Tag: Jenny leidet unheilbar an Leukämie und hat nur noch kurze Zeit zu leben. Um ihr die beste Behandlung in einem Krankenhaus zu ermöglichen, überwindet Oliver seinen Stolz und bittet seinen Vater um finanzielle Unterstützung. »Weihnachten ist dieses Bett wieder frei«, prophezeit Jenny bei Olivers letztem Besuch. Er legt sich zu seiner großen Liebe, und sie stirbt in seinen Armen. Diese ebenso schlichte wie anrührende Geschichte »versetzte Kavalkaden kondolierender Kinogänger in tiefste Trauer«, wie sich im *Großen Filmlexikon* von *TV-Spielfilm* in anmutig alliterierender Rede ein manischer Meckerhannes mokiert (s.o.). Die kongenial-schwermütige Filmmusik von Francis Lai hat sicher ihr Scherflein dazu beigetragen – und in der Folge nicht nur in Deutschland (unter dem wirklich saublöden Titel *Schicksalsmelodie*) eigene Berühmtheit erlangt. Wegen des gewaltigen Erfolgs – *Love Story* spielte über 55 Millionen Dollar ein – ließ eine Fortsetzung nicht lange auf sich warten: *Olivers Story* teilt das Los aller verlängerten Suppen – sie schmecken fad, und Nudeln sind auch nicht so viele drin.

Lustige Taschenbücher. Unter den → Comics waren die *Lustigen Taschenbücher* wohl die Bestseller. Goofy, Phantomias (Donald Duck), Minnie und Micky Maus, Daniel Düsentrieb, Gustav Gans, die Panzerknacker und wie sie alle heißen im zweidimensionalen Entenhausen. Die hat nun jeder für eine gar nicht so kurze Zeit gekauft und gelesen. Anfangs haben wir sogar die schwarz-weißen Seiten, die mit den farbigen alternieren, nachträglich koloriert. Aber irgendwann wurde uns das zu bunt. Die besten Taschenbücher haben wir natürlich heute noch. Kommt alles wieder! Immerhin steckten wir, bevor das Plattensammeln begann, unser gesamtes Taschengeld in die *Lustigen Taschenbücher*. Ich hab's mal überschlagen: Die ganze Serie (bis Band 104) kostete exakt soviel wie eine durchschnittliche Mahagoni-Schrankwand oder eine Woche Jürgen Klinsmann.

M

Männlichkeit. Was den Frauen der Super-Mini, ist dem Manne das bis zum Bauchnabel aufgeknöpfte Hemd. Überhaupt: Hose und Hemd trägt man wie eine zweite Haut. Die Hosen sind um das Gesäß so eng, daß keine Brieftasche mehr reinpaßt. So muß auch der Herr zur »Herrenhandtasche« greifen – pfui Spinne, igittigitt! Erst mit der Nostalgie-Welle (→ Romantic-Look) bekam alles eng Umspannende einen schlechten Ruf und wurde z.B. von der *Brigitte* als vulgär bezeichnet. Frauen! Wissen wieder nicht, was sie wollen!

Mao-Paule. Alles links von der CSU ist Kommunismus/ Maoismus. Da ist man beim FC Bayern schnell in dieser Ecke. Erst recht, wenn man dann auch noch Selbstgedrehte raucht und die *Peking Rundschau* konsumiert. Wie dem auch sei, nach der WM '74 (→ Schön, Helmut) wechselt Paul Breitner zu Real Madrid. Und 1977 zurück in die Bundesliga, ausgerechnet zu Eintracht Braunschweig! Günter Mast (→ Jägermeister) sei Dank! In Braunschweig will er »irgendwas Pädagogisches« machen und taucht in der Sprechstunde des Universitätslehrers Dr. B. auf. Der wiederum müht sich, so zu tun, als sei ihm der »Star« gänzlich unbekannt: Gleichberechtigung aller Studenten, keine Vorzugsbehandlung, der »Star ist die Mannschaft« (B. Vogts) und so. »So, Herr ... äh, Herr ... Jägermei ... Quatsch!, räusper ..., Herr STUDENT, Sie äh ... können also aufgrund ... beruflicher ... Verpflichtungen, so sagen Sie, nur unregelmäßig im Seminar erscheinen?« So oder ganz ähnlich muß es gewesen sein in dieser besagten Sprechstunde. Im Proseminar ist der feine Herr Breitner dann aber nie erschienen. Ab nach Bayern! Zurück in der Nationalmannschaft, möchte er auf keinen Fall der »Rasenmäher« von Bernd Schuster sein. Auch verständlich! Aber das war schon zu Beginn der komischen Achtziger. Ebenso wie jener Auftritt in einer ganz, ganz frühen *Wetten, daß*-Sendung (mit Frank Elstner). Eine Sportskameradin trat an und wettete, daß sie im Torwandschießen mehr Bälle »versenkt« als besagter Paul Breitner. Ja, und wie die Wette ausgegangen ist, möchten Sie gerne wissen? Wir auch.

McDonald's. Erobert ab Mitte der Siebziger Deutschland – der Hamburger soll nun endlich auch nach Hamburg kommen. Die Vorposten heißen Nürnberg, Düsseldorf und Mönchengladbach. Und die Speisen »Big Mäc« und »Äppel Pei« – das ist alles sehr neu und sehr amerikanisch, da bleibt man anfangs lautmalerisch-bodenständig. »Ein Hamburger liegt so schwer im Magen, daß man sogar im Toten Meer untergehen würde«, bemängelt ein namhafter Gastronomie-Kritiker, der hier ungenannt bleiben möchte. Das entscheidende Verdienst von McDonald's war es, den Hamburger aus den schmutzigen Imbißstuben herausgeholt und ihm ein sauberes, helles, nettes, klassenloses Heim gegeben zu haben. Sogar Kindergeburtstage werden hier gefeiert, statt schön Kegeln zu gehen oder den neuen Bud-Spencer-Film zu kucken – Geburtstage mit »Ronald McDonald«, dem »lustigen Clown«. Aber wir wollen nicht schimpfen. Immerhin gibt es in Chicago sogar eine »Hamburger-Universität«, in der Restaurant-Manager aus aller Welt in die Technologie und Ideologie des »fast food« eingeweiht und mit einem Hamburger-Diplom ausgezeichnet werden – Pommes frites als Nebenfach.

Mengenlehre. Noch so ein neumodischer Schnick-Schnack, der einem das Leben schwermacht! Eltern verstehen die Welt nicht mehr und auch nicht die Mengenlehre-Hausaufgabe für den Drittkläßler. »Schnittmenge, Schnittmenge, SCHNITTMENGE!« brüllte Papa, »wie heißt Dein Lehrer?« – Verheult: »Baumann.« – »Gib mir meinen Kuli. So. Äh … (setzt sich, schreibt angestrengt) … Sehr verehrter … geehrter Herr Lehrer, Lehrer Baumann, quatsch, Geehrter Herr Baumann, ich … äh … sehe nicht ein, daß mein Sohn Sachen lernen soll, äh, die … (steht wieder auf) … Verdammt nochmal, Du bist aber auch zuu blöde im Kopp! Ich hab meine Aufgaben auch begriffen und hab nicht Oppa genervt! Meine Herren!« An dieser Stelle blenden wir uns aus – mit Geigen – und halten fest: Die Siebziger waren auch das Jahrzehnt der großen gesellschaftlichen Polarisierungen. Man war entweder für oder gegen Innere Reformen, Neue Ostpolitik, ZDF-Hitparade, Mitbestimmung, für oder gegen »Willy wählen!« etc. »Mehr Demokratie wagen«, das bedeutete eben auch: Auf einmal war *alles* politisch – so auch die Mathematik.

Mißtrauensvotum, »konstruktives«. 27.4.1972, gegen Willy Brandt. Einige Abgeordnete der Regierung mögen die Ostpolitik nicht mit ihrem »Gewissen« vereinbaren, bzw. die dicken Tausendmark-Scheine … – also die *nicht* anzunehmen, läßt das Gewissen erst recht nicht zu. Wieder andere (oder dieselben?) werden zurückgekauft (von der Stasi??), und der doofe Barzel kriegt ordentlich einen auf den Bürzel. Stellen Sie sich vor: Ein Bundeskanzler Rainer Candidus Barzel – keine Entspannungspolitik, keine Wiedervereinigung, keine Brigitte Seebacher-

Brandt; ja, und dieses Büchlein wäre schon überhaupt nicht geschrieben worden. Das wär' doch alles höchst bedauerlich gewesen, na hören Sie mal!

Mondauto. Quasi ein Go-Kart für sechs Millionen Dollar. Wurde neulich (1971) von den US-Astronauten David R. Scott und James B. Irwin in Cape Kennedy vorgestellt. Das 206 Kilogramm schwere Mondauto ist ausgerüstet mit Parabol-Antenne, Fernsehkamera und zwei 36-Volt-Batterien. Spitzengeschwindigkeit: 16 Stundenkilometer. Na denn, »gute Fahrt«! (→ Benzinpreis; Jeans-Käfer; Gurtpflicht; Raumfahrt)

Mützen. Davon gab es allerhand: Heinrich Böll popularisierte z.B. die Baskenmütze in Deutschland (später fing dann auch Günter Grass damit an), Helmut Schön war der »Mann mit der Mütze« (Schirmmütze), Helmut Schmidt bevorzugte das klassische »Prinz-Heinrich«-Modell, die CSU Tirolerhüte. Die Klorollen im Auto trugen eine Häkelkappe, der ARD-Korrespondent in Rußland eine Russenmütze, Elton John ganz ausgeflippte welche, die Queen-Mom die ausrangierten meiner Oma; ja, und was mußte ich auf dem Kopf haben, wenn ich vom Baden kam (auch sommers!), damit die Haare schneller trockneten? Richtig, eine Pudelmütze. Schirmkappen, ganz nebenbei, trug man noch *richtig herum*!

Muhammad Ali. Alias Cassius Clay, gab sich den Titel »The Greatest« selbst. 1970 begann sein großes Comeback. Wer erinnert sich noch an die großen Kämpfe gegen George Foreman, Joe Frazier oder Leon Spinks – und hätte nicht gern die peinlichen (→ Fetter Elvis) Niederlagen gegen Larry Holmes und Trevor Burbick vergessen? Alis Profikampf-Bilanz war mit 56:5 Siegen überragend, und vor allem bedenke man, daß nur 19 Kämpfe durch K.O. beendet wurden – da gab's noch was für's Geld! Bis zu einer Milliarde Fernsehzuschauer erlebten seine Kämpfe, in Europa zu nachtschlafender Zeit übertragen.

Schon seine Beinarbeit war es wert: ein nie-enden-wollendes Getänzel, das als bewußte Provokation den Gegner zermürben sollte, vor allem aber als Showeinlage die Massen faszinierte. Deutlicher als er selbst kann man den Unterschied Muhammad Alis zu seinen Gegnern nicht ausdrücken: »Joe Frazier ist der Mond, ich bin die Sonne.«

N

NATO-Doppelbeschluß. Heißt so, weil er von der NATO doppelbeschlossen wurde, werden Sie jetzt denken, lieber Leser, aber diesmal, nur dieses eine Mal, haben Sie *nicht* recht: Der NATO-Doppelbeschluß (Zuckerbrot und Peitsche bzw. Verhandlungen und Pershings) wurde nämlich von Helmut Schmidt doppelbeschlossen. Jimmy → Carter z.B. war eher für die Neutronenbombe. Helmut Schmidt dagegen erkennt bereits 1977 (Londoner Rede), daß 1987 die Nullösung kommt, weil es Mitte der achtziger Jahre einen Gorbi gibt (→ Fischer, Bobby), der mit dem 1980 und 1984 gewählten Schauspieler R. Reagan alle Mittelstreckenraketen wieder einzeln beseitigt; und, ja und schlußendlich mußte dieses ganze Procedere sogar schnurgerade zur Deutschen Einheit führen! Nach der neuen Rechtschreibung muß es übrigens Doppelbeschluss lauten, mit Doppel-S (→ Kiss). Ganz so (verrückt aber auch!) wie sein sowjetischer Auslöser: Die SS-20 Rakete. Wir werden albern …

Neue Subjektivität. Am Ende des politischen Jahrzehnts der Sechziger Jahre wird die Literatur von Teilen der deutschen Intelligenzija noch schnell für tot erklärt (etwa im legendären *Kursbuch* 15 von 1968): Es sei ein menschenverachtender Zynismus, Gedichte zu schreiben, während anderswo Menschen bei lebendigem Leibe verbrennen. Solidarität war angesagt – und die ließ sich in Reden, Pamphleten und Zeitungsartikeln wirkungsvoller zum Ausdruck bringen als in Versen. Was reimt sich auf Napalm? Der politische Kampf war allerdings schon zu Ende, als er noch gar nicht richtig begonnen hatte. Und auf dem »langen Marsch durch die Institutionen« erinnerte man sich bald wieder an die schöne Literatur als – noch dazu äußerst schmackhafte – Wegzehrung. Viele fraßen sich an ihr so satt und so rund, daß sie gar nicht mehr marschieren wollten. Auf die wieder einmal gescheiterte Revolution folgte ein politisch-kulturelles Biedermeier, der Rückzug ins Private. Nun ließ sich das in langen nächtlichen Diskussionen geformte und mit Flugschriften genährte politische Über-Ich nicht von heute auf morgen über Bord werfen; man behalf sich statt dessen mit einem Trick und suchte ganz einfach das »Politische im Privaten«. Das hatte insofern etwas für sich, als fürs Privatleben in den hektischen Sechzigern nun wirklich keine Zeit geblieben war, weil man schon seine ganze Aufmerksamkeit brauchte, um sich im Abkürzungsdschungel der »proletarischen« Parteiungen, also zwischen PLPI oder KPD/AO, ML oder KPD/ML, SEW etc. pp. zurechtzufinden. Die Schriftsteller teilen notwendig dieses Interesse am Alltäglichen, allzu Alltäglichen und schreiben vornehmlich über Beziehungskisten (zumal erotischer Art); auch solche Themen wie Kindheit, Kindererziehung (→ Kinder; Kinderfrage), Selbstverwirklichung, gesellschaftlicher Anpassungsdruck und Benachteiligung (von Frauen, Kindern, sozial Schwachen, psychisch und sexuell Abweichenden) finden nun Eingang in die Literatur. Ihr privatistischer Zug verdankt sich vor allem aber einer betont subjektiven Weltsicht – womit wir endlich beim schönen Stempelwort Neue Subjektivität wären. Folgerichtig beackert man in erster Linie das lyrische Feld, von jeher der Ort, wo sich das auf Authentizität und Unmittelbarkeit bedachte Subjekt tummelt. Und wahrlich, die Saat ging auf, und es erwuchsen ihr ein paar wirklich beeindruckende Texte: beispielsweise Rolf Dieter → Brinkmanns *Trauer auf dem Wäschedraht im Januar* und *Einen jener klassischen*, Wolf Wondratscheks *In den Autos* und von Uli → Becker, dessen sprachspielerische Energie und durchtrieben-ironische Diktion ihn allerdings deutlich von den typischen Vertretern der Neuen Subjektivität unterscheiden, *Trouble comin' every day* und *Menschen! Tiere! Sensationen!* – um nur einige wenige zu nennen. Es gab aber auch genügend Krampf, belangloses Zeug, Umbruchprosa und larmoyantes Gewäsch: »Wenn ich jetzt sage / ich liebe dich / übergebe ich nur / vorsichtig das Geschenk / zu einem Fest das wir beide / noch nie gefeiert haben // Und wenn du gleich / wieder allein / deinen Geburtstag / vor Augen hast / und dieses Päckchen / ungeduldig an dich reißt / dann nimmst du schon / die scheppernden Scherben darin / gar nicht mehr wahr«. *Fragile* von Karin Kiwus, die auch bessere Gedichte geschrieben hat. Aber so etwas kann eben dabei herauskommen, wenn es vor allem um Authentizität und unmittelbaren Ausdruck geht. Dem Dilettantismus sind Tür und Tor geöffnet. Nach der Lektüre solcher Texte dachte verständlicherweise jeder, das könne er auch – und besser. Von Verena Stefans Roman *Häutungen* und Karin Strucks *Klassenliebe* ging ein Sog aus, der unzählige Frauen an die Schreibtische zog. Überall stieß man nun auf entsprechende Anzeigen und Aufrufe. Die Arbeitsgruppe »Am Anfang war das Wort« zum Beispiel inseriert in der *Hannoverschen Allgemeinen Zeitung*: »Jeden Mittwoch ab 16 Uhr treffen sich Leute, die Selbstgeschriebenes und Selbstgebackenes mitbringen, im Literaturcafé ›Klingende Harfe‹«. – »Ecki« sucht im *Tip* Beiträge zum Thema »Das schwarze Loch«: »Wir haben schwarze Löcher. Wo? Wofür? Woher? Wovon? Wir forschen, arbeiten an einer Textsammlung zu diesem Thema.« – Und Gundel wirbt für »literarische Improvisation mit Kumuli (Kunst, Musik, Literatur)«: »allein und in der Gruppe, sich dem Spiel der Wörter überlassen und sich selbst darin entdecken«. Frei nach dem Motto: »Das bißchen, was ich lese, schreibe ich lieber selbst!« Uns bleibt hier nur noch anzumerken, daß in jeder Mode auch etwas Tröstliches steckt: Sie geht vorüber.

Nobelpreis. Geht zweimal nach Deutschland. Für Frieden (W. Brandt) und für Literatur (H. Böll). Die CDU wittert eine kommunistische Verschwörung, und Günter Grass (→ Mützen) muckelt.

O

Oi. Nachdem die britische Anarcho-Szene auf den → Punk gekommen war, konnte die Rechte gegen Ende des Dezenniums ihre eigene Version (vornehmlich in Deutschland) präsentieren: »Oi-Musik«. Den Kameraden, angetreten mit Kampfstiefeln, Glatze, schneidigen Nazitexten und fliehender Stirne, müssen wir freilich entgegnen: Abtreten!

Opel Commodore. Eine wahre Rakete: »Dann, wenn der Commodore GS überholt. Mit der Kraft von 130 PS. Mit einer Beschleunigung, die ihn in 10 sec von 0-100 km/h bringt. Sie bekommen einen Commodore ab DM 11.571«. So sieht das 1971 aus. Die Zeitschrift *hobby* meint dazu: »Nach einer Fahrt mit dieser Rakete denkt man als alter Hase zwangsläufig an die letzten zwei Jahrzehnte der Opel-Rekord-Entwicklung zurück, an die gedrosselten Motoren, die dem Rekord den Namen ›Der Zuverlässige‹ eingetragen haben.« Heute dagegen wisse Opel, daß »die potenten Käufer dieser Klasse nach der PS-Zauberflöte tanzen: Hat der BMW 150 PS, dann soll sie auch der Commodore haben.« Aber es hilft alles nichts. Um das Hut- und Hosenträger-Image loszuwerden, müssen sich weiterhin Steffi, Franzi und der FC Bayern mühen (wer solche Freunde hat ...). Ach, oder wollen Sie doch lieber ein »fürstliches Auto zum günstigen Preis«? Dann dürfen wir Ihnen den Opel Rekord empfehlen, und zwar das 76er-Sondermodell »Rekord 2000 Maharadscha«: 2.0 l-S-Motor, 100 PS, UKW-Radio, 4 Türen, 185er Stahlgürtelreifen. Aber: »Maharadschas sind rar. Darum nutzen Sie die Gunst der Stunde!« Halt, halt, lieber Leser, bevor Sie diesen Beitrag verlassen: Die PS-Flöte bleibt hier!

Orgasmus, vorgetäuschter. Jahrhundertelang hatten die Frauen ihren lieben Ehegatten im unklaren gelassen, nun sprachen sie dank Oswalt Kolle über ihre Probleme – und der Mann bekam sie. Jetzt zufrieden?

Otto Waalkes. Begnadeter Entertainer der Hochkomik, zum Teil mit Einsprengseln intellektuellen oder politischen Witzes. Aber auch als trommelnder, singender und gitarrespielender Musikant nicht einmal schlecht; dabei mit erstaunlichen sportlichen Einlagen aufwartend: etwa beim Jonglieren mit einer Kanonenkugel, einem Apfel und einem Ei. In den Siebzigern satt komisch (»Haben Sie schon gehört, der Papst soll Selbstmord gemacht haben! Naja, wenn man sich beruflich verbessern kann …«) – unter anderem dank Federführung von Gernhardt/Eilert/Knorr, kann aber auch an unserer Frühpubertät gelegen haben, die Ansprüche sind da doch ganz anders –, kehrten seine Witze in den Achtzigern als Film (mit Graf Steffi und Fürst Service) und in den Neunzigern als RTL-Fernsehserie (»Baby-Otto ist lieb«) wieder. Nichts gegen Recycling!

P

Pan Tau. Eine tolle deutsch-tschechoslowakische Koproduktion. Die einen liefern das Geld, die anderen die Filmkunst. Phantasievoll, stimmig, wunderschön. Pan Tau kam immer dienstags oder donnerstags um 17:20 Uhr. Und zwar entweder mit dem Hubschrauber oder einer Rakete (→ Raumfahrt). Wenn sich Pan Tau kleinzauberte, riefen Olli, Pit und Freddi immer zum kleinen Pan Tau: »Das ist doch nur eine Puppe!« Ganz wie eklig-altkluge → Kinder eben so sind. Natürlich mäkelten wir auch an der Logik herum: Wenn der Pan Tau zaubern kann, warum dann immer alles so umständlich, warum überhaupt so verwickelte Geschichten, er könnte doch einfach zaubern, daß alles augenblicklich gut wird! Die bösen Buben einfach wegzaubern. Den guten Menschen einen Mercedes zaubern – in einer Folge war das jedenfalls mal der größte Wunsch des knuddeligen Familienpapas. Ein fieser Strich-Achter (200 D, vulgo »Bauern-Benz«) – das Traumauto für den braven Tschech'. (Heute werden 72er Strich-Achter von verlausten Studenten gefahren, aus dem banalen Grunde, daß in den Kofferraum sieben Kisten Bier reingehen.) Die Schauspieler hießen alle Jiri oder Ota und trugen den typischen Ostblock-Viktor-Karpow-Scheitel (→ Fischer, Bobby); die Frauen Plastik-Miniröcke, die im Westen schon seit zehn Jahren out waren. Nicht zu vergessen die Musik zur Zaubermelone. Sehr eingängig. Rufen Sie uns an, wir können sie noch immer pfeifen! Und heutzutage? Da kucken die Kinder im Nachmittagsprogramm amerikanische Polizeiserien (*Die Straßen von San Francisco*, recte: *Die 50cm breiten Schlipse von Michael Douglas*), die wir früher nie sehen durften, weil sie erst um 22:45 liefen. Soweit unser kleiner Beitrag zur allgemeinen Zivilisationskritik.

Der Pate. »Die Familie…«, mußte man damals so richtig schön gangstermäßig hauchen können, dann war man drin im Kreis der Mafiosi. Natürlich nur der gespielten, denn vor den echten Sonnenbrillen haben uns unsere Eltern immer gewarnt. Alles hatte mit einem gemeinsamen Kinobesuch angefangen. Dem Regisseur Francis Ford Coppola (→ *Apocalypse Now*) bescherte *The Godfather*, so der Originaltitel, 1970 einen sensationellen Erfolg, und auch hier in der Mafia-Provinz war das Kino gut besucht. Die Story (nach einem Roman von Mario Puzo): Die Familie Corleone um das Oberhaupt Don Vito Andolini (Marlon Brando) aus dem sizilianischen Dörfchen Corleone zählt längst zu den mächtigsten in der amerikanischen Halb- und Unterwelt. Allen voran Don Vito hat mit seinen harten, aber (un)gerechten Methoden ein wahres Imperium aufgebaut. Als er sich indes – aus moralischen Gründen – dem Rauschgiftgeschäft verweigert, knallt's. Sein Sohn Michael (Al Pacino) übernimmt die »Verhandlungen« – ebenso hart, aber deutlich weniger moralisch. Nach Opfern auf beiden Seiten will der Pate Don Vito noch einmal die große Versöhnung. In den letzten Zügen seines Lebens haucht er den feierlichen Racheverzicht, doch Michael entledigt sich in einer Orgie der Vernichtung sämtlicher Gegner, und die Familie obsiegt. Mit dem *Paten* gibt Coppola dem Genre des modernen Mafiafilms, der fortan nicht mehr ohne den knödelnden Brando-Paten auskommt, seine grundsätzliche Form. Weder die zahlreichen Versuche, an den Erfolg von *The Godfather* anzuknüpfen (etwa *Der Aufstieg des Paten*, Italien 1977), noch Coppolas eigene Sequel *Der Pate – Teil II* (1974) weichen wesentlich von dem Schema ab, mit dem hier die Ups and Downs einer ehrenwerten Familie erzählt werden. Natürlich hat auch unsere »Familie« ihre Tiefen erlebt. Den Don Vito durfte ich damals auch einmal übernehmen, das ging so reihum. Aber ich paßte einmal nicht auf und wurde hinterrücks erschossen. Don Vito war danach immer der Kalle.

Peymanns *Faust*. Bis 1977 sahen sämtliche Mephisti aus wie der große Gustav Gründgens und spielten alle den Faust tragisch. Erst Claus Peymann konnte sich von dieser Dominanz lösen und brachte im Württembergischen Staatstheater Stuttgart, Kleines Haus, den *Faust I und II* auf die Bühne von Achim Freyer. Und man durfte wieder lachen, wo es Goethe gewollt haben könnte. Freilich hatte auch Peymann es verstanden, sich geradezu goethisch zu vermarkten – im Taschenbuchschuber zu ordentlichen Preisen.

Polaroid. Die fixeste Farbkamera, die es je gab. 1,5 Sekunden nach dem Knipsen streckt sie einem die Zunge raus, äh, das Bild hin. Marlene Dietrich, Andy Warhol und der Sultan von Oman haben schon eine »SX-70«. Papa natürlich auch. Als erstes fotografiert er das neue Auto und den Hund. Sodann harrt in gespannter Erwartung die im Halbkreis gruppierte Familie der Entwicklung, Oma ist skeptisch: Ob das »was taugt«? Das ernüchternde Ergebnis läßt dann doch einige Wünsche offen: komische Farben, Unschärfen etc. Nach 20 Bildern (= zwei Filmen) ist erst mal Schluß: zu teuer auf die Dauer! Der Schweizer Schriftsteller Urs Widmer weiß sogar von noch dolleren Foto-Perversitäten zu berichten (*Die Gelben*, 1976): »In Japan werden Japaner gebaut, die haben ihren Photoapparat nicht mehr über dem Bauch baumeln. Sie haben ihn in sich eingebaut. Wenn sie mit den Augen zwinkern, gibt es ein Photo. Jeden Abend ziehen sie sich den Film aus dem Hintern und schauen, wie der Tag gewesen ist.«

Politik und Kunst. Zur künstlerischen Betätigung fühlen sich in den → Schlechten Siebzigern Regierungs- wie Oppositionspolitiker berufen. Rainer Barzel (CDU) schreibt 1979 einen putzigen Roman namens *Das Formular* – eine gewisse Familie Winter leidet an einem fiktiven kommunistischen Staat (böse, böse!). Bundeskanzler Helmut Schmidt fordert einen fernsehfreien Tag (Dienstag) und sollte später mit Justus Frantz Klavier spielen (J.S. Bach).

Bundespräsident Scheel entblödet sich nicht, *Hoch auf dem gelben Wagen* zu intonieren; sein Nachfolger Karl Carstens redigiert einen Lyrikband – und kürzt klassische Gedichte. Dabei begann sich in den → Guten Siebzigern der natürliche Antagonismus von Politik und Kunst, Macht und Moral, Geist, Intelligenz auf wundersame Weise zu relativieren: Kunst war nun Politik, Kultur Bestandteil von »Gesellschaftspolitik«, die »auswärtige Kulturpolitik« gar »dritte Säule« neben Wirtschaftspolitik und klassischer Diplomatie (Hildegard Hamm-Brücher). Literaten beschäftigten sich mit der »Rolle des Subjektivismus im parasitären Kapitalismus«, so der Titel eines Seminars über Rilke und Hofmannsthal. *Diskurs über die Vorgeschichte und den Verlauf des langandauernden Befreiungskrieges in Vietnam als Beispiel für die Notwendigkeit des bewaffneten Kampfes der Unterdrückten gegen ihre Unterdrücker sowie über die Versuche der Vereinigten Staaten von Amerika, die Grundlagen der Revolution zu vernichten* hieß der vollständige Titel eines Theaterstücks von Peter Weiss. Schauspieler sammelten im Foyer Geld für den Vietcong. Leute, die dabei waren, erzählen gerne davon. Nur Mut, Leser, fragen Sie nach! Sagen Sie ruhig, wir hätten Sie geschickt. Und urteilen Sie selbst: Wo steht sie heute, die »Kulturnation Deutschland«?

Pornographie. So sieht es in den ganz frühen Siebzigern aus: Der Paragraph 184 StGB ist noch nicht gekippt, die Herstellung von »Schweinkram«, wie der weltläufige Bundeskanzler Willy Brandt die Produkte der Porno-Branche zusammenfassend definiert, immer noch mit dem Attribut »unzüchtig« verboten, aber das Geschäft bumst. Nach dem statistischen Durchschnitt gibt jeder bundesdeutsche Mann für pornographische Artikel jährlich 19 Mark aus – also etwa genauso viel wie für Unterwäsche. Die 19 Mark wollen gut angelegt sein! Man kann wählen zwischen Scherzartikeln wie der Sexy-Röntgenbrille, dem Auszieh-Kugelschreiber oder der Partykerze in Penisform (kurz »Johnny« genannt), Romanen mit vielversprechenden Titeln wie *Das Loch zur Welt*, zwischen einschlägigen Illustrierten (von *St. Pauli Nachrichten* bis *Wochenend*) und natürlich den heißen, zumeist aus Dänemark – durchaus mit dem Wissen der Behörden – eingeschmuggelten Super-8-Farbfilmen. Da sind immerhin 60 Meter knallharter Erotik drauf. Für einen solchen Streifen muß der bundesdeutsche Mann aber durchschnittlich 7 Jahre und einen Monat sparen, denn er kostet so gegen 135 Mark; bei einer durchschnittlichen Lebenserwartung von 70 Jahren vererbt der bundesdeutsche Mann also durchschnittlich eine immerhin achtteilige Pornofilmsammlung, wenn er kurz vor seinem 14. Lebensjahr zu sammeln begonnen hat (→ Inflation). Das Highlight dieser Sammlung ist eine Rolle der Deutschen Climax-Filmproduktions- und Vertriebsgesellschaft mbH (»Climax de Luxe Filme haben Weltruf!«) mit dem originellen und zeitgemäßen Titel *Beatschuppen-Orgie*. Die verführerisch kurze Inhaltsangabe auf der Verpackungsrückseite verspricht: »Zwei süße Miezen ziehen 1. mit einem Jungen auf ihre sturmfreie Bude, 2. sich splitternackt aus. Und dann geht der Sturm los! Und wie! Miezen zeigen Kätzchen und alles andere – mit viel Routine und großem Erfolg. Eine Sache mit akrobatischer Eleganz, wobei ein Miezchen den Mund ganz schön voll nimmt.« Bei einem so superben Super-8-Angebot hat das geschriebene Wort zwangsläufig das Nachsehen. Die Romane und Heftchen werden folglich immer bebilderter. Sexshop-Besitzer Heinz Hirsch, 37, ein früherer Polier, der vor drei Jahren noch Tierfutter verkaufte und auch »mit Käse handeln würde, wenn die Gewinne größer wären als beim Sex«, verrät dem *Spiegel* 1971 sein Verkaufsrezept für Gedrucktes: »Es muß auf jeder Seite etwas Schweinisches sein, dann steht die Sache.«

Pril-Blumen. Blümchenabziehbilder in den schönsten Regenbogenfarben der Saison; benannt nach ihrem Herkommen, der himmelblauen handgerechten Flasche Pril, jenem Spülmittel, mit dem Hausfrau oder → Hausmann im Dokumentationszeitraum für gewöhnlich das Geschirr abwusch, wenn man denn abwusch und nicht in irgendeiner schmuddeligen → WG unter Anleitung von Wilhelm → Reich der freien Liebe huldigte. Häufigstes Vorkommen: an den Kacheln über der Spüle (Geschirrspüler waren damals noch eine Seltenheit – die jüngeren unter den Lesern dürfen sich jetzt die Schenkel klopfen); auch immer wieder gesichtet auf Klospiegeln, Kücheneinbauschränken, Treppengeländern, sogar auf → Schulranzen und Fahrrädern, seltener auf dem nußbaumenen Sideboard und so gut wie nie auf dem Jahreswagen (Wertminderung!). Mittlerweile so gut wie ausgestorben, obwohl Gerüchten zufolge die Firma Lever Sunlicht, die sich sehr um die possierliche Zierpflanze verdient gemacht hat, abermals versucht, sie in unseren Breiten heimisch werden zu lassen. Eine farbenprächtige Bereicherung unserer tristen → Wohnlandschaft.

Progressiver Alltag. Ist das nun der Alltag, der im Dienste des Fortschritts steht, oder einer, in dem das fortschrittliche Ziel schon erreicht und unablässig gelebt wird – zum Beispiel indem sich Papa und Mama von den Kindern mit den Vornamen ansprechen lassen? (»Du Wolli …« – »Ja, mein Goldsohn?« – »Du Wolli, die Manu hat mir aber erlaubt, bei Pit und Wampi *Western von Gestern* zu gucken« – »Momentchen, ich bin auch noch da! Wenn die Manu das so sieht … Also, ich hab' da ein Problemchen mit. Du weißt, daß es nicht richtig ist, daß in dieser Sendung Konflikte mit den Fäusten ausgetragen …« – »Jaja Wolli, ich weiß, aber die Manu hat mir das schon erklärt, mit der Gewalt das. Sie hat auch mit Wampis Vater gesprochen, und der will dann nach der Sendung mit uns darüber sprechen.« – »Das man das noch mal 'n bißchen reflektiert ist wohl auch das mindeste!« Ca. dreißig Minuten später. »Also, tschüssi Wolli, ich ruf an, wenn's ein bißchen später wird« – »Momentchen, ich …« Rumms. Die Tür fällt ins Schloß.) Was ist jetzt progressiver: konsequentes Verbot (von Gewalt, Fernsehen, Kriegsspielzeug etc.) oder antiautoritäre Kindererziehung und Laissez-faire? Und überhaupt: Hochbegabtenförderung oder »Bildung für alle« und Gesamtschule? Gar nicht so einfach, aber, ach Gott ja, einfach ist es eben nicht, ein guter Erzieher und Linksliberaler zu sein. Was die Prinzipien und das große Ganze angeht, ist man als »engagierter« Mensch in den shmooven Siebzigern ja ziemlich progressiv, aber im Alltag, nun gut, da muß man auch Kompromisse eingehen, sich anpassen und ein Auge zudrücken können (→ Berufsverbot; Staatspension für Revolutionäre). Urteilen Sie selbst!

Proper, Meister. → Hausmann.

Punk. Das Phänomen Punk kann nur verstehen, wer so richtig böse ist. Da hab ich natürlich schlechte Karten. Aber ich kenne einen, der kennt einen. Und mit dem war ich mal, das muß ich erzählen, in Hannover. Unten in der Passarelle, wo die Luden lungern und die Kunden kungeln. Da tippte mir plötzlich jemand von hinten auf die Schulter. »Haste mal«, knödelte eine Stimme, »Feuer?« Es war so einer von den Opas, die immer rumlaufen und harmlosen Leuten Gespräche aufzwingen wollen. »Nichtraucher«, antwortete ich und ging meines Weges. Eben hatte ich mir ein halbes Dutzend Scheiben von → Deep Purple besorgt und wollte den Plattenladen verlassen, da knackte es in den irgendwo unter der dezenten Dekoration versteckten Lautsprecherboxen. Was das für eine Musik war? Ödester Discofever-Schrott! Eilig suchten wir das Weite. So kamen wir an den Bahnhof, der völlig überfüllt war mit Fußballfans. Man hatte einen Sonderzug eingesetzt, und wir hatten das Glück, so eben noch mit reinzupassen. Als wir wieder zu Hause waren, fiel es mir siedend heiß ein: der Punk! Wir hatten versäumt, den Punk zu treffen!

Q

Quatro, Suzi. Die lederne Rockröhre ist 1950 geboren, 1.50 m groß und hatte als der weibliche Elvis Presley einigen Erfolg vor allem in England, wo 1973 die Single *Can the can* erschien. Doch nutzte sich dieses Image bald ab, Suzi Quatro wechselte zum Film und dann zum Musical. Ein kleiner Hit noch mit Chris Norman von Smokie (*Stumblin In*; 1979), das war's. Heute räumt sie bei Oldieveranstaltungen ab und macht Werbung für eine CD-Kollektion namens *Best of Disco* – jeder blamiert sich, wie er kann. Obwohl Herr Dr. Moritz ja meint, sie hätte sich »recht frisch gehalten«.

Queen. Klasse Band, die eigentlich in keiner Sammlung fehlen darf. Denn Queen geben alles, vom herzergreifenden Schluchzer *Save me* über das poppige *Bicycle race* und die Stadionhymne *We are the champions* bis hin zum harten *We will rock you*. Die »Supergruppe« um Freddy Mercury vereinigt auf eine artifizielle und berechnete Weise das Beste aus *Rock Pop In Concert*. Mit leiser Ironie werden die perfekten Arrangements dann aalglatt, aber sackheiß präsentiert. Und immer auf dem neuesten Stand der Overdub-Technik. Für eine gelungene Melange steht schon die Besetzung: Brian May (Doktor der Astronomie; Gitarre), Roger Taylor (Doktor der Biologie; Drums) und John Deacon (Diplomelektroniker; Bass) sind das solide Fundament für die laszive Show des Grafik-Designers Mercury, mit behaarter Brust und Schraubenschlüssel im Schritt (→ Travolta, John; Doppelripp).

R

Rahmenrichtlinie, Hessische. In Hessen wird 1972 per Rahmenrichtlinie vom Kultusministerium beschlossen, »Konflikte« in Familie und Schule zum Gegenstand von Unterricht zu machen. CDU, Arbeitgeberverbände, Elternverein und Philologenverband sehen – in brennender Sorge – den Schutz der Familie, die Verfassung und die Gesellschaftsordnung in höchster Gefahr. Die CDU läßt sich nicht lumpen und veröffentlicht eine Dokumentation (*Sozialismus im hessischen Schulwesen*) und die Broschüre *Marx statt Rechtschreibung*. Im *Arbeitgeber*, dem Organ des Bundes deutscher Arbeitgeber, heißt es im Mai 1973: »Schüler werden nicht zu loyalen Staatsbürgern mit harmonisierenden Spielregeln erzogen, sondern zu ideologisch programmierten Revoluzzern abgerichtet ...« Bei Gott, zu schön, um wahr zu sein! Die Landtagswahl 1974 bringt die Quittung, d.h. herbe Verluste für die SPD/FDP-Regierung. Es scheint ganz so zu sein, daß es in einer pluralistischen Gesellschaft tatsächlich verschiedene Interessen gibt, die in Konflikten ausgetragen werden. Aber, bitteschön, doch nicht in der *Schule*!

The Ramones. »Hey! Ho! Let's go!« Die Star-Außenseiter der Punkszene. Mit minimalem spieltechnischen Aufwand erreichten die New Yorker maximalen Erfolg. Kurze, geschwinde Dampfnummern mit originellen und jede Party belebenden Texten sind ihr Markenzeichen, seit 1976 mit etwa einer Platte pro Jahr. Hits aufzuzählen erübrigt sich bei dem Hinweis auf das zeitlose und allgemeingültige »Gabba gabba Hey!« Außerdem hat den stärksten Ramones-Song ein anderer geschrieben, Lemmy »Let me kill, mister!« Kilmister von Motörhead:

»Misfits / Twilight zone / R.A.M.O.N.E.S. / R.A.M.O.N.E.S. / Ramones!« Der Name der Band ist übrigens von Paul McCartney geklaut, der sich gelegentlich das Pseudonym »Phil Ramone« gab, womit wir bei der Familie wären: Jeffrey Hyman (Joey Ramone), John Cummings (Johnny Ramone), Douglas Colvin (Dee Dee Ramone) und Tom Erdelyi (Tommy Ramone), später Mark Bell (Marky Ramone, kam für Tommy Ramone) und Richard Beau (Ricky Ramone, kam für Marky Ramone) – aber sind wir nicht alle eine große Familie gewesen in den Siebzigern?

Rattan. Sieht klasse aus, sehr stilvoll, sehr edel und nicht ganz billig, so dachte man. Was man daraus alles machen kann! Rattanstühle, -tische und -regale bringen Exotik und Erotik (Sylvia Kristel ist *Emanuelle*!) in die → Wohnlandschaft. Sozialkundelehrer und die »Kirche von unten«-Gruppe haben sich die Teestube mit Rattan-Möbel vollgestellt. Auch die Tochter vom Herrn Professor hat einen Rattan-Korbstuhl in ihrer »Bude«, damit sich Papa modern geben kann (»Warum nicht? Die jungen Leute sollen sich doch wohlfühlen«; Mutti ergänzt: »Interessant! Mal was anderes!«). Heute weiß man, daß Rattan eigentlich ganz schön scheiße aussieht. Und zwar »scheiße« im Sinne von »scheiße« und nicht im Sinne von »so scheiße, daß es schon wieder gut ist«.

Raumfahrt. Das große Rennen um Sonne, Mond und Sterne hatten 1969 die Amerikaner gewonnen. Wir durften damals noch nicht, aber unsere Eltern waren live dabei, als Neil Armstrong sich ganz spontan einen klugen Spruch ausdachte. Die Euphorie war groß: Man erhoffte sich von der paramilitärischen Raumfahrt wichtige Erkenntnisse und verwertbare Technologien, natürlich für die zivile Welt. Wir sagen nur: Teflonpfanne, der größte »Synergieeffekt« aller Zeiten! Aber war das den Aufwand wert? Natürlich – denn sonst wüßte doch auch kein Mensch, wie verletzlich unsere gute alte Mutti Erde erst mal von außen ausschaut! Letztlich hat die Begeisterung um die großartigen neugewonnenen Erkenntnisse über unseren Planeten und was da noch so orbitiert (→ Belgrad, Elfmeter von), nicht mal die Siebziger überdauert. Immerhin steht eine spektakuläre Fernsehnacht zu Buche und ein kurzfristiges strategisches Revival Ende der Achtziger.

Reich, Wilhelm. Wir schreiben das Jahr 1970. Das Jahrzehnt war noch ganz grün hinter den Ohren, wie seine studentenbewegte Jugend, die gerade ihre ersten politisch-revolutionären und sexuellen Gehversuche gewagt hatte, da gab ihr Günter Amendt eine signalgelbe Fibel an die Hand, die beide Fliegen mit einer Klappe – oder vielmehr: die eine Fliege mit der anderen zu schlagen versprach: *Sex Front*. Die Message – damals hat man wohl Theorem gesagt – war einfach zu schön, um unwahr zu sein: Sexuelle Befreiung sei selbst ein revolutionärer Akt, weil sie dem politischen Umsturz Vorschub leiste, mit einem wohl nicht ganz zeitgenössischen, aber allemal treffenden Klospruch gesagt: »Fickt euch frei!« Der intellektuelle Samenspender dieser gut gebauten, nichts weniger als hohlwangigen Theorie war freilich nicht Amendt. Bereits 1936 nämlich ließ Wilhelm Reich im dänischen Exil ein Buch mit dem Titel *Sexuelle Revolution* erscheinen, das die gleiche These vertrat. Amendt bediente sich Reichlich. Es macht immer Eindruck, wenn man ein paar Brocken des Originals parat hat, schlagen wir also nach beim »Rosenkreuzer des Ficks« (so Enzensberger), wie er selbst sich den theoretischen Unter-, wenn man will auch Überbau bastelt. Gleich zum Kern: »Die Unterdrückung des kindlichen und jugendlichen Liebeslebens hat sich ... als der Kernmechanismus der Erzeugung von hörigen Untertanen und ökonomischer Sklaven erwiesen.« Und das geht so: Der Körper produziert sexuelle Energie, später nennt Reich sie »Orgon«, die verbraucht werden muß; staut sich diese Energie, wie das seit etwa 6000 Jahren in der Menschheitsgeschichte der Fall ist, entstehen Neurosen, Minderwertigkeitskomplexe, soziale Unverträglichkeit etc. Nur durch das freie Ausleben der Sexualität (Bedingung ist ferner »orgastische Potenz«, die Fähigkeit zum uneingeschränkten Orgasmus) sei man in der Lage, zu einem gesunden, glücklichen und geselligen Menschen, mithin zur »genitalen Persönlichkeit« heranzureifen. Das Instrument der Sexualunterdrückung ist Moral, Reich nennt sie »Zwangsmoral«. Ihre Institution ist die »Zwangsfamilie«, in der sexuell sich anödende Ehepartner ihre Frustration an die Kinder weitergäben, indem sie ihnen das Onanieren verböten. Dadurch wiederum könnten sich bei den Kindern niemals demokratische Tugenden wie »Selbstsicherheit, Willensstärke, Kritikfähigkeit« ausprägen; das Onanieverbot erzeuge den typischen demokratieunfähigen Untertan, nach oben katzbuckelnd, nach unten tretend. Weil die Mächtigen aber auf den Untertan nicht verzichten könnten, unterstützten sie weiterhin die Zwangsfamilie – als »Untertanenfabrik«. Ob das wissenschaftlich ganz astrein ist, darf man füglich bezweifeln, betrachtet man die *Sexuelle Revolution* aber als gesellschaftspolitisches Pamphlet (noch dazu aus dem Jahre 1936!), kann man Wilhelm Reich seine Anerkennung kaum versagen. Schade nur, daß der alte Reich es nicht mehr erleben konnte, wie sittenlose Halbstarke ihr »Gegen Bullen hart, im Bett zart« an öffentliche Gebäude schmierten. Vielleicht ist ja doch was dran? Wir empfehlen bei intellektuellem Rechtsruck: Reich lesen!

Rivel, Charlie. Der »König der Clowns« wird 1976 achtzig Jahre »jung«. Er selbst sagt schmunzelnd: »Vier mal zwanzig«. Lachen ist die beste Medizin! Allein diese rote Nase, köstlich! Mit drei Jahren tritt der »treue Charlie« das erstemal öffentlich auf: Er springt durch 24 brennende Reifen und putzt sich dabei die Zähne! Karl Valentin bekannte kurz vor seinem Tode, daß er einzig und allein über Rivel gelacht hätte. Charlie erhielt mehr als 133 Medaillen und Orden, aber auch herzliche Dankesbriefe von Stalin, Winston Churchill und Hitler (1957, aus Südamerika: »Sie waren mir, der Eva und meinem treuen Hund Blondi der

Sonnenschein in den letzten beschwerlichen Tagen im Führerbunker«). Privat allerdings war Charlie Rivel eher einer von der traurigen Sorte.

RO 80. War angeblich zu gut für den Markt. 1967 verblüffte NSU auf der IAA mit dem »ambitioniertesten Auto des Jahrzehnts« (zum stolzen Preis von 14.000 DM). Doch die hochmoderne, zukunftsweisende Technologie des Zweischeiben-Kreiskolben-Motors hatte keine Chance gegen die altbackene Explosionsmaschine (→ Ford Taunus, Opel Commodore). Watt de Buer nich kennt, dat fritt he nich. Mit der aerodynamischen und futuristischen Keilform (Designer: Claus Luthe), dem hydraulischen Drehmomentwandler und der Drei-Stufen-Automatik wurden Innovation und langfristige Perspektive bereits 1977 über Bord geworfen für das Prinzip »Kontinuität vom Kaiserreich bis heute«. Auch haben anfängliche Abdichtungsprobleme und folglich hoher Ölverbrauch dazu beigetragen, daß nicht mehr als 37.300 Einheiten abgesetzt werden konnten. Kurzum: Wankel unterliegt Otto mit 1 zu 2,5 Milliarden und hat damit für das Rückspiel nur noch wenig Hoffnung.

Rocky Horror Picture Show. Eins der großen Phänomene der Siebziger Jahre. Der mäßig erfolgreiche Sänger Richard O'Brien hatte in dem Musical *Hair* mitgespielt; das ist so ziemlich das einzige, was man von ihm weiß. Und dann setzte er sich 1973 hin und schrieb ein schauerlich-erotisches Bühnenstück, in das er alle seine Ängste, Träume und Phantasien hineinlegte: von außerirdischen Mächten und innerseelischen Konflikten, von Libertinage und Horror, von Bisexualität und Musical-Rock-'n'-Roll. Das Stück war eine einzige Party und fiel durch, wurde verfilmt und fiel nochmals durch. Und ist heute eine der meistgesehenen Revuen; tatsächlich soll es Menschen geben, die Film oder Show bereits 600mal gesehen haben, vom Hören der LP mal ganz zu schweigen. Die Story: Das frischgebackene Ehepaar Brad und

Janet gerät wegen einer Autopanne auf ein düsteres Schloß und in einen Strudel grotesker abenteuerlicher und erotischer Ereignisse. Am Schluß werden Frank N Furter und seine Kreatur Rocky getötet. Der Diener Riff Raff (O'Brien) offenbart sich als der eigentliche »Commander«, hebt mit dem Schloß ab und entschwindet mit Magenta in den Weltraum. Zurück bleiben die Menschen: »lost in time, lost in space... and in meaning.« – Das Spektakel lebt von Anspielungen auf die Highlights des Horror- und Science-Fiction-Genres. Doch im grellen Licht von RKO (die Firma, der → *King Kong* 1933 das Überleben sicherte) ist der Grusel hell und bunt, heiß und feucht. Jeden Tag aufs neue. Nicht vergessen: Reis, Klopapier, Rassel, Wasser, Kostüm, Schminke, die Schritte für den *Time Warp* noch mal rekapitulieren – und das Wichtigste natürlich: »Don't dream it, be it!«

Römertopf. Ockerfarbener bis bräunlicher Tontopf in ovaler Form mit Deckel. Länge über alles etwa 36, Breite gut 24 Zentimeter (maximales Außenmaß); es gibt aber auch kleinere. Eignet sich vorzüglich zum Garen frischen Gemüses oder zum Braten vollständiger Tiere (→ Blues Brothers). Unter dem Motto »Kochen wie die alten Römer« breitet sich in den Siebziger Jahren das »Römertöpfern« rasch zu einer neuen Koch-Mode aus. Auch wir haben Mutti zu Weihnachten (sie hat immer so praktische und wenig uneigennützige Dinge bekommen) einen solchen Tontopf geschenkt. Und das zahlte sich aus, denn, so verrät uns die heute noch beiliegende Broschüre, »das Garen im Römertopf hält das Gargut besonders saftig. Durch das lange Wässern des Topfes vor der Benutzung saugt der Ton die Flüssigkeit an, die er während des Garens auf das Gargut überträgt«. Tatsächlich dürfte es etwa um 1976 keinen funktionierenden Mehr-Personen-Haushalt gegeben haben, der nicht mit mindestens einem Römertopf ausgestattet war. Geschmackvoll auch als Tisch-Deko – mit Stiefmütterchen bepflanzt (neulich, bei unserem »Innovationsberater«).

Romantic-Look. Wer das Poppige nicht so mag, insbesondere nicht auf »Eiscreme-Schock-Farben« steht, der flüchtet in den → Schlechten Siebzigern ins Romantische. Als da wären: Naturholz, Setzkästen für Mädchen, Textiltapete, Kissenberge, Folklore, Russenkittel, Anatevka-Rock mit Fransengürtel, Patchwork-Tuch, Lappenmütze, Hippie-Gipsy-Look (mit Lammfelljacke), Häkelkappe, Baskenmütze. And many more. Kaufhäuser, die

etwas auf sich halten, richten übrigens einen »Perücken-Salon« ein und engagieren einen Baby-Fotografen (»Pixy-Foto-Studio«). Irgendwann wurden die Zeiten wieder härter, der Romantic-Look ging den Bach runter, und New Wave und Punk (→ Sex Pistols) waren angesagt. Als Antithese bildeten sich gegen Ende des Jahrzehnts die Popper heraus. Den gleichnamigen Philosophen Sir Karl Popper, den großen alten Mann des Positivismus, zitierte Helmut Schmidt oft und gerne (»Verantwortung«), z.B. im Zusammenhang mit der Mogadischu-Geisel-Befreiungsaktion (1977). Aber wir wollen nicht abschweifen.

Rosi, Gold-. Gewinnt 1976 in Innsbruck Silber im Riesenslalom, sowie Gold in Abfahrt und Slalom! Daher der Name. Immer noch besser als »Mösenlechner« oder wie man in diesem Metier so alles heißt. Hier scheint uns zudem ein Verweis auf Dalli Dalli angebracht (→ Dalli Dalli), der Leser ahnt sicher warum, denn ihr goldiger Gatte, Christian Neureuther (Skifahrer), brillierte dortselbst als Juror mit tiefergelegtem Dauergrinsen. Weitere Siebziger-Traumpaare: Inge und Walter Jens, Brigitte und Franz Beckenbauer, Loki und Helmut Schmidt, Linda und Paul McCartney, Cindy/Ernie und Bert sowie Macht und Moral (Willy und Rut Brandt).

S

SABA. »Gründlichkeit. Typisch SABA. Der Vorteil bei SABA-Farbfernsehern: Wenn das Programm von Farbe auf Schwarzweiß wechselt, schaltet das Gerät automatisch um ... Mit der drahtlosen Ultraschall-Fernsteuerung SABA telecommander haben Sie zudem eine echte SABA-Pionierleistung in der Hand. Daß bei SABA-Geräten von Anfang an alles stimmt, gewährleistet die strenge

Qualitätskontrolle mit über 300 Einzelpositionen – eine unerbittliche Prüfung, die mit konsequenter Sorgfalt durchgeführt wird.« Schauen Sie doch mal herein bei Ekel Alfred, in *Ein Herz und eine Seele* – die ersten Folgen sind noch Schwarz-Weiß, irgendwann kommt dann die Farbe ins Spiel. Wenn Sie die WM 1970 (Mexiko) oder die Olympiade 1972 noch schwarz-weiß verfolgt haben, ja dann wird's aber spätestens zur Fußball-WM 1974 (→ Tip und Tap) Zeit für eine farbige Kiste! Daß die Leute im TV erst noch so komisch-rote Gesichter haben, also daran gewöhnt man sich schnell. Bitte, sehen Sie selbst, und vergleichen Sie!

Sandmännchen. Befragt man 38 Leute um die dreißig in der Straßenbahn nach ihrer Fernsehjugend, so finden sich immer ca. neun Schlaumeier, die behaupten, das DDR-Sandmännchen sei »irgendwie besser« gewesen. Das haben sie irgendwo aufgeschnappt, außerdem läßt einen diese Behauptung irgendwie interessant erscheinen. Das DDR-Sandmännchen war natürlich liebevoller gestaltet, die Leute haben ja auch besser zusammengehalten; das West-Sandmännchen dagegen: kapitalistisch-kalt, nur profitorientiert, oder wie? Unserer Meinung nach materialisiert sich in der Legende vom »besseren Sandmännchen« im besseren Deutschland – ebenso übrigens wie in der Legende von den »besseren« Ost-Ampelmännchen – einer der letzten sozialistischen Alltagsmythen, jawohl.

Sartre in Stammheim. Von wegen → Neue Subjektivität! Diametral entgegengesetzt zur Entpolitisierung der Literatur in den Siebziger Jahren ist das Treffen Jean-Paul Sartres mit Andreas Baader in der Justizvollzugsanstalt Stuttgart-Stammheim. Die öffentliche Anteilnahme und Empörung waren groß, als der große schieläugige Philosoph im samtenen Existentialisten-Rolli, begleitet von dem gut gebutterten Terroranwalt Croissant, am 4. Dezember 1974 den Gefängniskomplex betrat. Heute hätte man so was live übertragen. Er habe Informationen über das

Selbstverständnis der Baader-Meinhof-Gruppe und ihre Beweggründe sammeln wollen und nehme Anteil an dem »Kampf in kleinen Gruppen« der RAF, erklärte er anschließend der versammelten Weltpresse. Ohne diesen beherzten Akt wäre die Geschichte sicher anders verlaufen.

Schah von Persien. Wird 1979 von den Ayatollahs gestürzt. Chefrichter Scheih Sadigh Chalchali ist für alle Rechtsfragen (Verbannung, Tod durch Strang etc.) der »iranischen Revolution« zuständig. Auf die Frage, was er am Westen anerkenne, erläutert er dem *Spiegel*: »Konrad Adenauer. Als ich 17 war, habe ich bewundert, wie Adenauer Deutschland wiederaufgebaut hat. Er hat sogar im Winter nur mit einer einzigen Decke geschlafen und sich bemüht, den Deutschen eine neue Existenz zu schaffen.« Hätten Sie's gewußt?

Schlager. Es blühten die Blumen, lachte die Sonne und brach das Herz, wie verrückt und verzückt! Obwohl der Begriff an und für sich die Einwirkung physischer Gewalt zum Ausdruck bringt: Musikstücke, die in der zweiten Hälte des letzten Jahrhunderts »einschlugen«, wurden dergestalt geheißen. In den Siebzigern zeigte er sich von seiner goldigsten Seite, unerreicht bis heute. Der Refrain weiß in der Regel einen guten Rat oder eine Lebensweisheit einzubringen.

Schlagerstars. Brachte man noch den nötigen Respekt und Sendezeit (vor allem in der ZDF-Hitparade) entgegen. Kategorien: Seemann (Freddy Quinn), Schmusejunge (Jürgen Marcus), »Du«-Rocker (Peter Maffay), Knallcharge (Frank Zander), lustiger Neger (Roberto Blanco), Schaffner (Christian Anders), großer Junge (Peter Alexander), ehrlicher Prolet (Gunter Gabriel), Tochter (Andrea Jürgens) und natürlich Rosenberg (Marianne). Autogrammkarten zeigten sie in der Regel mit weißem Pudel im Wohnzimmer einer »chicen« Vorstadtvilla. Trotzdem nie »abgehoben«, immer »normal« geblieben.

Schlaghose. Der Schlag ist erst dann richtig, wenn man die Füße nicht mehr sieht. Außerdem sehr beliebt: Hot pants, Bermudas, Caddyhose, Norwegerhose, Slacks, Gauchohose, Haremshose sowie Krempeljeans. Sehr beliebt dazu, für die Damenwelt: knappe, taillenkurze Ringelstrickpullover, falsche Hildegard-Knef-Wimpern und enge, grelle Plastiklederblousons. Eventuell noch eine Häkelkappe oben drauf. Wer das heute noch alles im Schrank hat (Beweisfoto beilegen!), bekommt eine

Schlagerplatte vom Verlag geschenkt! Nur Mut, schreiben Sie!

Schlöndorff, Volker. Da paßte einfach alles: die Lederjacke, die »hohe Stirn«, die Schlaghose und – natürlich – das »Nachdenken« (über Deutschland). Heinrich Heine hätte ganz gewiß ganz genau *so* ausgeschaut, 1975. Oder wie Ulrich Plenzdorf.

Schmusekater. Der »Schmusekater der siebziger Jahre« – das ist, richtig, Sie wissen es sicher schon: Tony Christie!

Schön, Helmut. Der Bundestrainer (→ Argentina '78). Macht im Weltmeisterschaftsjahr 1974 Werbung für Neckermann-Fertighäuser (Schlüsselfertig schon ab DM 49.875; Bauzeit 14 Tage): »Ich habe schon immer großen Wert auf solide Qualität und perfekte Organisation gelegt. Heute weiß ich: Dieser Hausbau war die richtige Entscheidung«. Nach dem vergeigten Vorrundenspiel gegen die DDR (0:1 Jürgen Sparwasser) freilich fragt sich die Fußballwelt (bis heute), ob es richtig war, kurz vor Schluß Günter Netzer einzuwechseln und damit zu »opfern«. Nach dem Spiel übernimmt Franz Beckenbauer die Kommandogewalt, und »wir« wurden doch noch Weltmeister (→ Mao-Paule).

Schulranzen. Dieser führt uns zu einem wichtigen Thema: dem Schülerdasein. Unsere Eltern haben natürlich für eine gute Ausrüstung Sorge getragen – also daran sollte es schon mal nicht scheitern. Unser Schülerschreibtisch war höhenverstellbar (er wurde aber nicht ein einziges Mal höhenverstellt), ziemlich häßlich und von Flötotto. Unser Kunststoff-Ranzen hatte einen noch weitaus bescheuerteren Namen, er hieß »Römer-Spatz« (→ Römertopf). Heute wissen wir, daß die dazugehörige Firma Vario heißt und auch Kinder-Autositze herstellt. Verantwortungsbewußte Familienväter statteten damit ihren

Volvo aus. Volvo kaufte man nämlich wegen der Sicherheit, die ja wohl mehr wert ist als »flottes« Aussehen; der Volvo – serienmäßig mit Gurten! – war so stabil, daß man sieben Stück davon übereinanderstapeln konnte (kein Trick! keine Fotomontage!). Ford- und Opel-Kinder dagegen, Arschgeigen eben, trugen einen »Scout« (→ Kinder). Unser »Römer-Spatz« war mit einer schlagfesten, anatomisch geformten Rückenschale aus Kunststoff und verschiedenen ein- und ausklinkbaren Einsätzen in Signalfarben ausgestattet. Im Winter war er auch als Schlitten zu benutzen. Der Wiener Designer Arno Grünberger erhielt dafür sogar einen österreichischen Staatspreis – naja, ein bißchen übertrieben vielleicht. Irgendwann war es dann freilich extrem out, einen Ranzen zu buckeln, und man stieg um auf legere »Taschen«, die man unterm Arm schwang. Obwohl dann ja die Gefahr besteht, daß man schief wächst – oder so ähnlich. Nur Freund Kalli trug seinen »Ranzen« (allein dieses Wort!) konsequent durch, bis zum Abi.

Schweinesystem. Von seinen Verteidigern auch liebevoll »Modell Deutschland« genannt. Für alle, die davon die Schnauze voll hatten, nicht zur CDU konvertierten (»Komm aus Deiner linken Ecke!«, säuselte Anno 76 ein sexy Mädel mit CDU-Boxhandschuhen und zwinkerndem Blick), nicht Terrorist werden oder ins Private flüchten wollten, bot sich in den → Schlechten Siebzigern eine interessante Alternative: die Sponti-Bewegung. Im Januar 1978 findet der TUNIX-Kongreß in Berlin statt: »Uns Langt's Jetzt Hier! Der Winter ist uns zu trist, der Frühling zu verseucht und im Sommer ersticken wir hier ... Die Maulkörbe schmecken uns nicht mehr und auch nicht plastikverschnürte Wurst. Das Bier ist uns zu schal und auch die spießige Moral. Wir wollen nicht mehr immer dieselbe Arbeit tun, immer die gleichen Gesichter ziehen. Sie haben uns genug kommandiert, die Gedanken kontrolliert, die Ideen, die Wohnung, die Pässe, die Fresse poliert. Wir lassen uns nicht einmachen, WIR HAUEN

ALLE AB! … zum Strand von Tunix«. Wie immer bei gereimter guter Gesinnung: etwas holprig, aber niedlich. Die anschließende Demo endet in einer Straßenschlacht mit der Polizei.

Schwulsein. Für die Schwulen müssen die Siebziger »ein endloser Sommer« gewesen sein, wenn man Detlev Meyers Geschichtensammlung *Die PC-Hure und der Sultan* Glauben schenken darf, ein Arkadien der sexuellen Sorglosigkeit: »Irgendwann hatte jeder einmal einen Tripper, der meistens nicht ungelegen kam. In den sieben Tagen der Enthaltsamkeit wurde die Küche renoviert, ›Der Mann ohne Eigenschaften‹ gelesen oder das Adressenverzeichnis auf den neuesten Stand gebracht.« Nur Laboraffen und Sodomiten hatten Aids.

Sesamstraße. 1971 ist Deutschland noch nicht reif für den Import der »Sesame Street«. So sieht das jedenfalls die ARD. Insbesondere der Fernsehdirektor des Bayrischen Rundfunks hält das Sesamstraßen-Programm, das unterprivilegierte Ghetto-Kids bilden soll, für »zu amerikanisch«. In Deutschland gebe es »gar keine unterprivilegierten Schichten«, und mit den »in der Sendung auftretenden Negern« könnte sich die deutsche Kleinkinderschar »nicht identifizieren«. Das leuchtet ein! Aber was ist mit Ernie und Bert, Oskar aus der Mülltonne und – natürlich – Bibo, dem Riesenvogel? Wie auch immer: Kurze Zeit später geht die Sesamstraße doch auch in Germany auf Sendung. Montags bis freitags von 18:00 bis 18:30 in den »Dritten«. Im NDR-Pausentrickfilm fliegt immer so ein bescheuerter Heißluft-Ballon über Hamburg, untermalt von Warteschleifen-Musik (Akustik-Gitarre). Nach der Sesamstraße ist Feierabend. Flimmerkiste aus, da hilft kein Diskutieren und Lamentieren. Didaktisch sehr wertvoll finden wir im nachhinein die durch das Krümelmonster verkörperte These, daß so ein bißchen Krümelei gar nicht so schlimm sei. Richtig toll auch Graf Zahl mit seinem komischen Raben Hector: der gruselige Graf schreibt sich immer selber

Briefe, um sie dann zu zählen (Eins! – puff – Zwei! – donner – Drei! – knallpeng – Vier! ...) – einfach genial! Schleichend wurde die Sendung immer »deutscher« – statt einem aufgeräumten Bob sah man z.B. Schnapsdrossel Cognac von Tiedemann als Oberlehrer (»nicht bei Rot gehen!«), der lustige Bibo mußte dem bräsigen Samson weichen, mithin einer echten Orgelflachpfeife. Aber da war sowieso schon alles egal.

Sex. Die »schmutzigste und erschreckendste Erfindung der frühen Siebziger« (Nick Hornby). Die Hälfte der Gesellschaft begann nach 68, Oswalt Kolle und *Helga* öffentlich über Sex zu reden, und die andere Hälfte protestierte dagegen (→ Reich, Wilhelm; Pornographie). Diese sinnvolle Arbeitsteilung funktioniert auch heute noch, im Hans-Meiser-Zeitalter.

Sex Pistols. So hieß der → Punk. Die Sex Pistols waren die kalkulierte gesellschaftliche Provokation, die musikalisch rücksichtslose Aggression und die hemmungslose öffentliche Randale in Person. Vom Szene-Promoter Malcolm McLaren als Underground-Kult-Band aufgebaut, erhielten sie 1975 von EMI 40.000 Pfund Vorschuß für ihre erste Single. Nach einem skandalösen TV-Interview über *Anarchy in the U.K.* wurde der Vertrag freilich wieder gekündigt. Die zweite Single, *God Save the Queen (The Fascist Regime)*, erreichte trotz Radioboykotts Platz 2 der Verkaufscharts, und das Album *Never Mind the Bollocks – Here's the Sex Pistols* vollendete den Ruf der Punker als echte Tunichtgute. Mit dem Übergang nach Amerika kam der Bruch. Der Erfolg blieb aus, *Sid and Nancy* starben, und der Rest war ein *Great Rock'n'Roll Swindle*, über den wir besser nicht sprechen.

Sexualkunde. Vertreter von Eltern, CDU und Katholizismus kritisieren: In den Rahmenrichtlinien und Schulbüchern werden Familie und eheliche Treue nicht deutlich genug als ethische Grundlage der menschlichen Sexualität vermittelt. Aber die Sexualkunde ist nicht zu stoppen. Als erstes Bundesland erläßt Nordrhein-Westfalen pünktlich zum Schuljahr '74/75 die Sex-Richtlinien für die Schule. Um aufzulockern und zu entspannen, werden zu Beginn der Stunde Yogaübungen gemacht.

Siebziger, die Guten. Selbst im verklärten Rückblick nur begrenzt auf die Jahre 1967 bis 1975: Von Flower Power, APO, Woodstock, Reformpolitik, Willy Brandt und Sozialliberaler Koalition – bis zu Club of Rome, Autofreiem Sonntag, Helmut Schmidt und »Weltverflechtungskrise«. Damals waren die Siebziger auf eine geradezu provozierende Weise fortschrittlich, utopisch und naiv. Und dann waren sie so schnell zu Ende.

Siebziger, die Schlechten. Der »kurze Traum immerwährender Prosperität« war ausgeträumt, der Fortschrittsglaube angekratzt und die staatliche Planungseuphorie verflogen. Auf die → Guten Siebziger folgte der Paradigmenwechel in der Wirtschafts- und Sozialpolitik mit Neoliberalismus, Leistungsethik und Angebotspolitik. Der Wohlfahrtsstaat war der Grund allen Übels, die Konzertierte Aktion tot; kurz: die Schlechten Siebziger begannen, die eigentlich schon die Achtziger waren. Was die Dinge ein bißchen verkompliziert, ist die Tatsache, daß die Guten Siebziger sich mit den Schlechten kreuzen – verdammte Dialektik! In den Mitt-Neunzigern will man wieder etwas Gutes tun, erschöpft sich aber in Placebo-Aktivitäten wie nicht bei Shell zu tanken. Dazu legt die »Kulturindustrie« das Comeback der naiven, guten Siebziger auf digitally remastered (Lenny Kravitz ist Jimi Hendrix). Die Hits der → Sesamstraße oder der → Augsburger Puppenkiste kommen als Techno-Versionen wieder, die alten → Schlager werden als »Parodien« ihrer selbst recycelt, die → Koteletten sind nunmehr moderat-gepflegt. Oberflächlich zitiert werden die naiv-guten, zugleich schrill-schrägen Siebziger, und angepeilt werden neben dem Taschengeld-Publikum diejenigen, die damals jung und wild waren.

Silver Convention. Also wirklich – eine Klamotte allererster Güte! Erst stellt uns das ZDF in seiner Starparade die drei Damen Linda, Ramona und Penny als die Starsängerinnen der Gruppe Silver Convention vor. Zwei Tage später meldet → BILD: Das waren nicht die Mädels, die in Amerika mit *Fly, Robin, fly* triumphierten. Dort wird dem Publikum nämlich eine farbige Soultruppe verkauft – in Wirklichkeit hinwiederum sind diese vermeintlich uramerikanischen Black Beauties Fotomodelle aus München, die überhaupt nichts singen können als die Eurovisionsfanfare (na-näh-nänänäh – nä – nääh- näh). Nicht das letzte Mal, wie man inzwischen weiß, daß eine Geistergruppe schnell visualisiert werden muß, was zu bedauerlichen Koordinierungs- und Playbackfehlern führt. Der feine Anwalt der Plattenfirma, der Herr Meyer-Wölden (heute Manager von Boris Becker) klagt: »Mein Gott, endlich ein deutscher Erfolg und dann diese Scheiß-BILD-Leute!« Die Fach-Presse urteilt: »Der Hit? Den muß man gehört haben: Einfallslos und mit zickigen Geigen auf Soul getrimmt. Während sich die deutschen Fans auf US-Soundniveau hochhören, hat man drüben das Gehör rückwärts gestellt« (*pardon*). Wie jetzt?

Der 7. Sinn. Noch so ein altes, unverwüstliches Fernsehfossil. Früher mochten wir die Sendung mit den markanten Eröffnungsfanfaren gern, sehr gern sogar. In der Sendung stimmte aber auch einfach alles, wie die *Titanic* einst feststellte: die »Story, der Spannungsbogen, die dramatischen Akzente, der Grundkonflikt und dann immer der harmonische, ja: hoffnungsfrohe Ausklang ... Und dann die Musi! Friedlich schwaddelt die einher, morgens um 7 ist die Straße noch in Ordnung, fidele Füße fröhlicher Fahrer streicheln zärtlich die Gaspedale ... Da plötzlich – ein gegnerisches Auto! Dräuende Geigen brausen auf, Bläser blasen Warnungen! Wird unser Held die Gefahr noch rechtzeitig erkennen? – Pardauz!« Jedoch, in den Neunzigern läßt er nach, der 7. Sinn. Zwar werden immer noch fleißig die Siebziger-Schweinekarossen (→ Opel Commodore; Ford Taunus etc.) zu Schanden gefahren, aber die Überschläge wirken mitunter doch arg gekünstelt, Motorrad-Stuntmen (→ Kleinkraftrad) schieben Dienst nach Vorschrift; auch stört uns, daß die neuen Neunziger-Mercedesse immer, aber auch immer mit heilem Blech davonkommen. Hier wird offenbar wieder am falschen Ende gespart. Wenigstens spricht noch immer der wunderbare Egon Hoegen.

Skateboard. → Jogging.

Sommermelodie. So lautet der Titel, mit dem Cindy & Bert die Bundesrepublik Deutschland beim Grand Prix d'Eurovision 1974 in Brighton vertreten. Gegen die starke nationale Konkurrenz hatten die beiden sich souverän durchgesetzt, doch die europäische Jury findet an ihrem Liedchen kaum Gefallen. Gemeinsam mit den Teilnehmern aus Norwegen, Portugal und der Schweiz erreichen die Cindy und der Bert leider nur den letzten Platz. Es gewinnt eine völlig unbekannte Combo namens → ABBA.

SPD. Die »Sex Partei Deutschlands« (*Titanic*). Hat ihren absoluten Höhepunkt 1972, seitdem einen kleinen Hänger. Was uns Sorgen bereitet: die Bartkompetenz! Seit August Bebel seligen Angedenkens gab es noch nie so wenig Vertrauen in die Bartkompetenz der SPD wie heuer. Auf die Frage, welche Partei sie wählen würden, wenn nächsten Sonntag Bartwahl wäre, antworteten nur 23% der Befragten mit SPD! Stimmen gingen vor allem an die BMW-Schnauzer der FDP verloren. 12% der Befragten erklärten darüber hinaus: »Ich habe Mitleid mit Guido Westerwelle und wünsche ihm Bartwuchs.« Ganz bitter für die SPD: Auch die jahrelange Kotelettenkompetenz ist futsch. Hier wurde ein Super-Trend verpaßt. Von der »Humorkompetenz« wollen wir gleich ganz schweigen. Fazit: Was der SPD bleibt, ist G. Schröders legendäre Wirtschaftskompetenz (→ Jusos).

Spiel ohne Grenzen. Eine der großen Vergnügungsshows für die ganze Familie am Samstagabend. Kleine Gruppen nationaler oder ethnischer Zusammengehörigkeit traten gegeneinander in einem spektakulösen Wettbewerb an: wahrhaftig ohne Grenzen – blöd. Da mußte man auf dicken roten Gummibällen über einen Schmierseifen-Parcours eierlaufend singen oder mit Holzhämmern auf kleine grellgrüne Sparschweine werfen und mit einem am Seil hängenden Magneten die Münzen aufsammeln und in einen Honigtopf hineinmanövrieren, wobei eine gegnerische Mannschaft mit verbundenen Augen und Armen den Honig mitsamt den Münzen aufzuschlecken und in einer Schatzkiste am Grunde eines anderthalb Meter tiefen Pools abzulegen versuchte. Mit den Jahren wurden die Spiele dann immer komplizierter, und das Spektakel, als Selbstzweck erkannt, erstarb.

Spitz, Mark. Sozusagen der Burt Reynolds aus dem Wasser. »Spitz« war jedenfalls die Damenwelt, wenn Marky sich mit praller USA-Badehose in die Fluten warf. Der Lohn: Stücker sieben Goldmedaillen in München '72 (Arschkraule Rücken, Kippwende, Okerlachs, Doppelter Axel, Rasierter Zeh, Turbine, Pitiplatsch).

Staatsbankrott. Da haben wir den Salat! Sozis können eben nicht mit Geld umgehen. Bruno Heck, CDU-Generalsekretär, kommt im Oktober 1970 auf rund 15 Milliarden Mark, die dem deutschen Sparer durch die Inflations-Regierung Brandt bereits verlustig gegangen seien. Wir haben es immer gewußt: Reformen bringen nichts und kosten viel Geld! Andererseits muß ein Industriearbeiter heute »für einen VW 220 Stunden weniger arbeiten als noch vor einem Jahr«, wie Willy Brandt 1970 im *Stern* vorrechnet. Und weiter: »Ich weiß jedenfalls, daß ich zu einem Zeitpunkt, zu dem ich einen Bruchteil dessen verdiente, was ich heute verdiene, nicht das Gefühl hatte, daß es mir damals im Verhältnis zu dem Bruchteil schlechter gegangen sei.« STERN: Das heißt, die Ansprüche steigen. BRANDT: Und bei uns kommt noch hinzu, daß die Frauen zum großen Teil nicht wissen, was die Männer verdienen. STERN: Sie meinen, die Frauen sehen nur die steigenden Preise, nicht das steigende Einkommen? BRANDT: Die Männer haben es wohl zum Teil noch nicht abgeliefert. STERN: Sie zahlen noch dasselbe Haushaltsgeld wie vor ein paar Jahren? BRANDT: Zum Teil ja, habe ich mir sagen lassen. (→ Frauenemanzipation)

Staatspension für Revolutionäre. Nun ja, wenn das große Wort vom »langen Marsch« irgendeinen Sinn haben soll, dann doch wohl den, als Beamter – bestens mit Staatsknete versorgt – »systemüberwindend« zu wirken. Und so kommt es, wie es kommen mußte: Rotfront-Parolen und Klassenkampf im Klassenzimmer. So geht's nicht weiter, dachten sich rechtschaffene Eltern. Wie rot dürfen die Lehrer eigentlich noch sein? Von einem erschütternden Beispiel in Fredenbeck berichtet 1973 der *Spiegel*. Da läßt eine Lehrerin die Kinderplatte (→ Kinderbuch) *Warum ist die Banane krumm?* aus dem Wagenbach-Verlag vor Viertkläßlern spielen: »Du sollst Deine Eltern lieben. / Wenn sie um die Ecke glotzen, / sollst sie in die Fresse rotzen« (Peter Rühmkorf). Sind das nun eher Porno- oder Polit-Verse, ja, über diese Frage haben sie noch lange hitzig diskutiert, im Dorfkrug zu Fredenbeck.

Star Wars. Die Trilogie *Star Wars* ist bis heute die erfolgreichste Science-Fiction-Saga. 1976 verblüffte Georg Lucas alle Kritiker – mit einer Prinzessin, jeder Menge Technik, einer klaren Trennung von Gut und Böse, einer irgendwie mystischen »Macht« des Guten, die natürlich ins Böse umschlagen kann, gruseligen Monstern, lustigen Dick-und-Doof-Robotern, fremden Welten und einer heimeligen Familiengeschichte. Der gelernte Schreiner Harrison Ford, als zynischer Einzelgänger Han Solo die Entdeckung des Films, baute für Regisseur Lucas eine

Schrankwand und wurde vom Fleck weg engagiert. Dann sind da noch Luke Skywalker, der kommende Stern am Pilotenhimmel und Darth Vader, der »dark father« der Familie. Drei mal drei Episoden hatte Lucas geplant, von denen *Krieg der Sterne* erzähltechnisch die vierte sein sollte. Doch zunächst folgten zwei Sequels: *Das Imperium schlägt zurück* (1979) und *Die Rückkehr der Jedi-Ritter* (1982) kamen aber längst nicht an den Erstling heran – trotz aller erneut aufgebotenen Technik und Naivität. Und weil wir nun mal in Schubladen denken, wollten wir natürlich wissen, was wir da gesehen hatten. Ein Märchen über Affenmenschen, Gummignome und Kuschelwichte? Eine »Weltraumphantasie«? Georg Lucas meint: »Sollte wieder einmal ein Handbuch der Filmgeschichte erscheinen, würde ich *Krieg der Sterne* gern als ›Raumfahrtoper‹ bezeichnet wissen«. Unserthalben also Raumfahrtoper.

Stereoanlage. Nicht ganz billig, aber man bekam was fürs Geld. Die »Stereroanlage«, wie sie von ihren Fans unter Alkoholeinfluß liebevoll betitelt wurde, entsprach in ihren Ausmaßen etwa einem Kind im Vorschulalter, ausgestreckt in Rückenlage. Das Mitschneiden der »Hits, frisch vom Plattenteller« war plötzlich kein Problem mehr. Das führte in letzter Konsequenz dazu, daß man auf privaten Festveranstaltungen, sogenannten → Feten, nur Lieder mit merkwürdig elliptischen Schlüssen zu hören bekam. Etwa: »Bambambam – liebe Hör...« Manchmal auch: »Uhuhu – die heutige Nummer ei...« Auffälligstes Merkmal: die durchsichtige Plexiglasabdeckung, die vor der Inbetriebnahme erst angehoben werden mußte; häufiger Gebrauch ließ die Scharniere sehr schnell ausleiern und den Deckel zum unpassenden Zeitpunkt herunterfallen – das trübte die Freude am Homerecording. Der Schwachpunkt aller Stereoanlagen war die Plattenspielersektion, outrierte Trittschallsensibilität ging einher mit im Alter zunehmenden Gleichlaufschwankungen des Riemengetriebes. Der Tonarm, mit dem man durch leichten

Zug in Gegenrichtung auch den Plattenteller in Betrieb setzte, erwies sich in den meisten Fällen als zu leicht, so daß er ohne erkennbare Gesetzmäßigkeit Passagen übersprang (bei entsprechender Fusseldicke an der Nadel bisweilen ganze Scheiben). Nicht nur einfallsreiche Halbstarke behalfen sich mit Zehnpfennigstücken, die sie auf den Tonkopf klebten. »Bank-deutscher-Länder«-Fünfziger hielt man meist zurück, weil man glaubte, es seien Fehlprägungen, die man sammeln müsse, um sie dereinst mit großem Gewinn zu verkaufen.

Sternchen. »Sternchen ist das Kind vom Stern, Kinder haben Sternchen gern«. So hieß es immer. Außerdem gibt's immer was zu gucken (→ Herrenmagazine).

Strauß, Botho. Wir müssen leider draußen bleiben!

Stoppt Strauß. Im Sommer 1979 ist es soweit: Franz Josef Strauß wird von der CDU/CSU-Bundestagsfraktion zum Kanzlerkandidaten gekürt. Kommentar Egon Bahr: »Er wird Kreide fressen in der Hoffnung, daß genügend Leute darauf hereinfallen und glauben, er sei die Großmutter und nicht der Wolf.« Auf Seiten progressiver Kräfte werden Überlebenspläne geschmiedet: Was wenn Strauß doch Kanzler würde? »Kanzler Strauß? Dann wander' ich aus!« heißt es auf → Autoaufklebern. Alternative: Innere Emigration. In Bayern sieht man die Sache relativ verbissen. Es wird die Frage diskutiert, ob Schüler, die »Stoppt Strauß«-Buttons tragen, Abitur machen dürfen. Schließlich und endlich gelingt es FJS dann doch, im 1980er Bundestagswahlkampf wankelmütige Wähler wieder zugunsten Helmut Schmidts zu mobilisieren, der lustlosen und zerstrittenen sozialliberalen Regierung noch zwei Jahre Agonie zu bescheren und die → Schlechten Siebziger künstlich bis zur Wende 1982/83 zu verlängern. Bitteres historisches Fazit: »Stoppt Strauß« hat den ewigen → Kohl erst möglich gemacht.

Summer, Donna. Reifte von der First Lady of Disco zur First Lady of Love. Fand ihre eigene Persönlichkeit in der Musik, obwohl ihr Vater Ernest »der Fleischer« hieß. Zu seinen Töchtern war er so streng, daß sie nicht einmal Lippenstift oder Nagellack benutzen durften. Ihre Mutter arbeitete in einer Fabrik für Turnschuhe. *Once Upon a Time* war eine richtiggehend heiße Scheibe und beherrschte 1977/78 alle Discos (→ Travolta, John). Die Geschichte dieses Albums erzählt von einer jungen Frau, die ihre Identität sucht. *Thank God It's Friday*!

The Sweet. Typischer Fall von Glam-Rock-Band mit einer »string of instantly catchy, immediately forgettable bubble gum singles«, wie es der Musikjournalist Nick Logan mal auf eine schöne Formel gebracht hat. Wie es so geht in den rockigen Siebzigern: Eine drittklassige Disco-Band (die alte Bluesweisheit, wonach jemand, um großen Erfolg zu haben, erst »ganz unten« gewesen sein müsse, besaß demnach immer noch Gültigkeit) trifft auf einen findigen Produzenten, der Ausstrahlung und Bühnenpräsentation der good lookin' boys mag, dem aber ihr mangelndes musikalisches Potential nicht lange verborgen bleibt. Er tut das, was auch heute noch alle tun, er kauft sich seine Hits. Das damals noch relativ unbekannte Songwriter-Gespann Nicky Chinn/Mike Chapman, das später häufiger als kreative Blutkonserve für anämische Rockbands (etwa die Arrows oder Mud) eingesetzt wird, legt sich ordentlich ins Zeug und übernimmt nebenbei auch noch das Management – Frank Farian, ick hör dir trapsen! Schon bald trägt die Arbeit Früchte. Die steindumme, durch die Latin-Anleihen aber sehr tanzbare Single *Co-Co* landet auf Platz 2 der Billboard-Charts. Hier stört kein überflüssiger Sinn das Tanzvergnügen. Der Chorus ist absurde Poesie: »Hoh-tschi-kaka-hoh, Co-Co, Hoh-tschi-kaka-hoh, Co-Co, Hoh-tschi-kaka-hoh, Co-Co-Co-Co.« Die »Chinnichap«-Hitmaschine beginnt langsam rund zu laufen. In den Jahren 1972-1974 erreichen die vier Süßen ganze 8 (in Worten: acht) Chartplazierungen: *Poppa Joe* versucht noch einmal, wie der erfolgreiche Vorgänger, karibische Lebensfreude mit der Absurdität der Moderne zu paaren. Chorus: »Poppa, rumble, rumble, hey Poppa Joe, coconut, Poppa Joe, hey Poppa Joe / … (dito) / Poppa, rumble, rumble, hey Poppa Joe, coconut – heeey Poppa Joe, heeey Poppa Joe, hey Pop-Pop-Pop-Poppa Joe.« *Little Willie* ist ein kleines versautes Lied über den kleinen versauten Willie (und der reimt sich natürlich auf »silly«). Mit *Wig Wam Bam* (einer Liebesgeschichte bei den nordamerikanischen Indianern) beginnt die eigentliche Glam-Rock-Phase von The Sweet; die dreckige Rhythmusgitarre Andy Scotts (bei mehr als vier Akkorden: eines Studiogitarristen) gibt nun deutlich den Ton an, auch Brian Connollys Gesang klingt etwas kehliger. Das von ferne an Status Quo erinnernde Boogie-Stück *Blockbuster* wird von einer Sirene eingeleitet, die dann später immer wieder von einem Kastratenchor (»Ahaaaaaa«) aufs affigste nachgeahmt wird. *Hell Raiser* besitzt alle Ingredienzen eines typischen Hardrock-Titels: Schrei und Explosion am Anfang, treibendes Riff, Chorus-Brüller und ein paar recht exaltierte Gesangspassagen; nur zum wieselflinken Heldensolo hat's nicht gereicht – aber schon ganz nett. *Teenage Rampage* probt den Aufstand (»I join the revolution now«), und *Ballroom Blitz* hat den originellsten Anfang der Rockgeschichte (der ist einfach zu originell, um ihn hier unerwähnt zu lassen): »Ready Steve?« – »Aha!« – »Andy?« – »Yeah!« – »Mick?« – »O.K.« – »All right now. Let's gooooo.« Das wirklich Schöne daran ist: Der Schlagzeuger Mick Tucker gibt als letzter sein »O.K.« zum nun endlich zu spielenden Song, obwohl er von Beginn an das Frage-Antwort-Spiel mit seinem harten Beat unterlegt – und damit ja eigentlich indirekt bereits sein Einverständnis signalisiert hat. Oder ist dieser nicht ganz einfache Drum-Track möglicherweise von einem Studio-Schlagzeuger eingespielt worden? Und Mick Tucker sitzt nur so dabei, als moralische Stütze gleichsam, Daumen hoch, »O.K., haut rein Jungs!« Live sollen die vier ein Ereignis gewesen sein, trotz der eher rudimentären Beherrschung ihrer Instrumente. Sexuelle Anzüglichkeiten in Songs und Show bescheren ihnen da und dort ein Auftrittsverbot – und natürlich enorme Presseresonanz. Einmal habe ich sie in Ilja Richters *Disco* gesehen. Allerdings war mein Vater zugegen, und so kam es mich doch irgendwie peinlich an, wie Lead-Sänger Brian Connolly (mittlerweile auch schon tot) in den Gesangspausen einherstolzierte, seine Knie so affektiert an die Brust ziehend. Poppa verließ kopfschüttelnd den Raum und hatte nicht mal unrecht damit.

Wie so viele andere Marionetten-Bands versuchen auch The Sweet nach einer Weile, sich von ihren Drahtziehern Chinn/Chapman zu emanzipieren. Das gelingt ihnen zunächst sogar halbwegs erfolgreich. Mit dem selbstkomponierten *Fox On The Run*, einem aalglatten Rocker, tummeln sie sich sofort wieder für einige Wochen in den Charts. Man setzt nun voll auf die härtere, dem musikalischen Können angemessene Spielart, macht viel, aber leider auch nur sehr durchschnittlichen Lärm. Nach ein paar Langspielplatten mit nicht mehr als zwei, drei Highlights, etwa dem von Queen abgekupferten *Action* oder dem altersweisen *Love Is Like Oxygen* (»Love is like oxygen / You get too much you get too high / Not enough and you're gonna die«), trennt sich Frontman Brian Connolly von der Band. Der Rest ist die Ochsentour in billigen Clubs, schließlich der endgültige Split (→ Band-Splits). Wenn ich mich nicht irre, habe ich irgendwann auch mal etwas von Drogenmißbrauch gelesen. Wer weiß, ist ja auch schon so lange her. Jedenfalls haben The Sweet weder das Pulver erfunden noch die Rockmusik revolutioniert, aber in Verbindung mit einer dreikanaligen → Lichtorgel waren sie Propheten in Papas Partykeller.

T

Tango. In den lässigen Siebzigern mußte dieser Schweinkram natürlich auch noch sein Comeback feiern! Wir dagegen beschränkten uns auf »Eins-zwei-cha-cha-cha« und den Tango aus dem Hause → Adidas. Wahre Künstler tanzen nämlich auf den harten Böden des Lebens bzw. den Fußballfeldern der Kreisklasse. Der Tango, eingeführt zur WM '78, kostete in seiner billigsten Ausführung (»Rosario«) DM 59. Für den, der's wissen muß.

Tchirpy Tchirpy cheep. Scheinbar harmlose und bedeutungsfreie Lautmalerei eines Textes der Gruppe Middle of the Road von 1972. Bedeutet jedoch im Pidgin-English tatsächlich »Amsel, Drossel, Fink und Star«. Was uns das blonde Gift am Mikro damit wohl sagen will, hm? Augenschnackeln. Damit keineswegs weniger revolutionär als das »A wop bob bee loo bob« der Restaurationsjahre und das reflektierte Sprachversagen im Stimmenwirrwarr der Postmoderne: »Mmh mmh mmh mmh« oder »De dododo de dadada«.

Telerent. Eine gute Idee: Fernseher zu mieten! Vorteile: »Erst 6 Monate testen – dann entscheiden. Sofort Farbfernsehen – keine Investition. Erstklassiges deutsches Markengerät«. Informationsmaterial erwünscht? Schreiben Sie an: TELERENT Zentrale, 8 München 2, Rückertstraße 5 (→ SABA).

Tip und Tap. Die 74er WM-Maskottchen. So was von putzig und niedlich aber auch! 1971 werden sie von Hermann Neuberger beim DFB-Bundestag in Kaiserslautern vorgestellt. Nach Meinung Neubergers sind dies »zwei lustiglistige Fußballjungs im Blick auf einen ewig jungen Fußball«. Nein, schöner hätten wir das auch nicht formulieren können. Wir wären, lieber Leser, übrigens bereit, einiges – ich wiederhole: einiges! – für ein Original 74er Tip und Tap-Shirt (und nicht eine dieser schäbig-schamlosen Kopien, die man an jeder Ecke kaufen kann) zu geben! Unsere ereilte ein grausames Schicksal, wie im übrigen alle unsere »Lieblingssachen« (»kaputte« Flickenjeans, selbstgebastelte → *Yps*-Gimmicks, »zerfetzte« Jeansjacken, »Vergammeltes/Verpektes« aller Art etc.): Mutti hat sie weggeschmissen, wir haben sie auf Klassenfahrt versetzt, sie wurden in der Umkleidekabine geklaut, was auch immer, weiß der Geier, jedenfalls sind sie *weg*. Bedauerlich.

Travolta, John. Tänzer, Schauspieler und Sänger von erheblichem Ruf gerade in der Disco- und Rockabilly-Szene der Jugendkultur. Ein bißchen was bot er nämlich auch den Elvisfans und denen, die zu spät geboren waren für James Dean. Der coole Killer aus *Pulp Fiction* war einst ein echtes Pupsnasengesicht und trotzdem, oder wohl besser deshalb, das Idol aller Elfjährigen. Erfolg hatte er vor allem mit den glitschigen Filmen *Saturday Night Fever* und *Grease*, doch es waren wohl gerade die lauen Jahre mitteninnen, die den ranken Tänzer (→ Discofever) zur bauchigen Kult-Figur werden lassen konnten. *Drei Männer und ein Baby*, das war ganz ernsthaft erbärmlich, da konnte es nur noch aufwärts gehen. Schmierig ist er freilich heute noch, und auch damals waren seine Filme »pulp« – aber nichtsdestotrotz: Travolta ist der wohl einzige »Künstler«, der bei seinem Neunziger-Comeback aber auch nicht einen Deut Ehrlichkeit an den Kartenhäuschen des Lebens abgeben mußte.

Trendfarbe 1971. Für den Herrn: rosa. Für »Sie« ist alles erlaubt.

Trimm Dich. Unter dem Motto »Sport für alle« wird die Trimm-Dich-Aktion des Deutschen Sportbundes 1970 ins

Leben gerufen und findet regen Zulauf. Denn wie hieß es damals so schön: Krankheiten heilen ist eine Sache, Gesundheitsschäden vorbeugen eine andere. Das Bewußtsein der Bundesbürger für die Verantwortung gegenüber dem eigenen Körper etc. pp. wächst zusehends. Das wird zum einen an dem Wunsch nach immer gesünderer Ernährung deutlich, zum anderen an dieser stetig wachsenden Fitneßwelle. Die war zwar weniger fotogen als das Achtziger Aerobic, hatte aber mehr Breitenwirkung und medizinisch gesehen auch deutlich mehr Effekt. Ich hab' da freilich nie so richtig mitmachen mögen. Schon aus Zeitgründen, denn wer viel im Sitzen arbeitet wie ich, der muß zwischendurch auch mal liegen. Und wo bliebe da noch Zeit für den Trimmpfad? Was mit Waldläufen und Spaziergängen begann, wurde durch Radfahren und Schwimmen ergänzt. Heute heißt das: Jogging, Walking und Mobbing.

TriTop. Das fruchtbrauseähnliche Erfrischungsgetränk gab's immer bei Oma, die konnte keine ganzen Limokästen tragen. Echt knorke war diese pyramidable Pyramidenform. Aber nach der halben Packung zog es immer so fies in den Zähnen. Wir haben damals lange gerätselt, was es mit diesem sonderbaren Namen auf sich hat. Doch auch die väterliche Erklärung stellte sich irgendwann als falsch heraus: »Muß so was bedeuten wie drei Spitzen oder drei Ecken« (ein Elfer). Stimmt aber gar nicht. Eines Besseren belehrt hat uns freilich erst dieses Lied über Finnland, in dem es heißt: »Your mountains so lofty, your treetops so tall«. Da war's klar: TriTop bedeutet Baumspitze, und die Form läßt bei ein wenig gutem Willen auch einen Tannenwipfel erkennen. Tatsächlich hat ja die Verpackung auch vier Ecken und gar nicht drei! Mensch Papa, wir sind enttäuscht.

Tropfenfänger. Notwendiges Untensil des sonn- und festtäglichen Kaffeetrinkens im Kreise der Familie – vulgo »der Lieben«. Die notorisch rosafarbene Schaumstoffrolle unter der Tülle einer Tee- oder Kaffeekanne sollte dafür sorgen, daß Mutters oder Omas blendendweiße, frischgestärkte Tischdecke frei von häßlichen Flecken blieb und sich am nächsten Wochenende noch einmal aufdecken ließ. Der Tropfenfänger machte seine Sache gut, wurde aber im Laufe des Nachmittags, eines schier unendlich langen Nachmittags, vom vielen Tropfenfangen immer unansehnlicher. Aber nichts ging daneben, und das Tischtuch behielt sein strahlendes Aussehen – wenn Papas Gier nach einem zweiten Stückchen Schwarzwälderkirschtorte nicht gerade von der Kaffeetasse seines Nebenmannes gebremst, freilich nur geringfügig gebremst wurde. Er wußte den hochnotpeinlichen Kasus meistens dadurch zu entschärfen, daß er mich scheinheilig anstieß, mit den Augen rollte und ein »Möööönsch, was machste denn!?« trompetete. Dabei war das Umstoßen der Tasse eigentlich nur ein Fauxpas, das zweite Stückchen von derselben Torte hingegen ein Sakrileg. Denn gutes Benehmen bei Tische hieß auch, alle gebotenen Kuchensorten »wenigstens zu probieren«. Die aufmerksame Mutti hatte das Vergehen – ob des schlechten Vorbilds – mit leichtem Stirnrunzeln zur Kenntnis genommen: eine Vorausdeutung auf den Heimweg, der Papa allemal Zeit genug ließ, Abbitte zu leisten. Und der Tropfenfänger wurde bald durch einen fabrikneuen ersetzt, weil man ihn einfach nicht mehr sauber bekam.

Turnbeutel. Praktischer Aufbewahrungsort für die Sporthose und die Turnschuhe, oben mit so Schnüren dran. Damit konnte man den Turnbeutel auch am → Schulranzen befestigen. Meist war er aus festem Stoff oder aus Jute. Nur die Dicken hatten einen aus Leder, dort steckten im Schnitt zwölf Mars-Riegel drin, denn die Dicken hatten immer ihre Turnhose vergessen. Zunächst gingen in meinen Turnbeutel kaum die Schuhe rein, dann wurde er größer und größer, bekam eine grelle Farbe, vier Reißverschlüsse und drei Streifen und ähnelte bald einem Mini Cooper. Er hieß dann aber auch nicht mehr Turnbeutel.

U

Unsere kleine Farm. Die langweiligste Es-ist-Sonntagnachmittag-und-wir-haben-nichts-Besseres-zu-tun-Familienserie, die sich überhaupt denken läßt. Bisweilen hat man sie sich dennoch ansehen müssen; etwa wenn man den obligatorischen Spaziergang der Eltern bestreikte und auf den anderen Sendern noch wesentlich dickflüssigerer Seim zu erwarten war. Kleiner Exkurs: Das heute so beliebte »Zapping« war damals verpönt; es fehlte einfach an der geeigneten fingersensiblen Fernbedienung, und hartnäckig hielt sich die Mär, daß vom vielen Umschalten der Fernseher kaputtgehe. Wir informierten uns in einer Fernsehzeitschrift (etwa *Hörzu*, *TV Hören und Sehen*), entschieden uns für einen Sender, was angesichts der doch recht begrenzten Auswahl gar nicht so schwerfiel, und standen es durch – bis zum bitteren Ende. Ein gesunder Stoizismus war hier sehr hilfreich. Dessen bedurfte es nun in besonderem Maße bei *Unsere kleine Farm*. Eine Folge ist mir in guter Erinnerung geblieben, weil sie mich kurz vor Schluß doch noch zum Umschalten nötigte und in mir den Vorsatz reifen ließ, von jetzt an sonntags mit meinen Eltern durch den heimischen Wald zu defilieren. Laura, die zweitälteste Tochter der armen, aber immer anständigen kleinen Farmerfamilie Ingalls, genau, das rotzopfige, sommerbesproßte Monster!, versagt auf einmal in der Schule. Die Lehrerin wundert sich sehr, gehörte doch Laura bisher immer zu ihren besten, wenn auch nicht hübschesten Schülerinnen, tztztz. Sie verhaut noch eine Arbeit, noch eine und noch eine. Ihr ist das Ganze überaus unangenehm, und natürlich dürfen Mom und Dad davon nichts wissen. Also schwindelt sie (mehr schlecht als recht, denn anständig lügen können die Ingalls nicht: gehört ja auch Intelligenz dazu!), fälscht Unterschriften und baut Etage um Etage ihres reichlich windschiefen Lügengebäudes – bis es schließlich zusammenstürzt. Das Beseitigen der Trümmer bringt diese ebenso abseitige wie himmelschreiend unmotivierte Auflösung zu Tage: Laura ist mir nichts, dir nichts kurzsichtig geworden, kann nicht mehr lesen, was auf der Tafel steht, folglich auch nicht mitschreiben, nicht entsprechend lernen und also auch keine guten Noten mehr abliefern. Das leuchtet ein. Wir können jetzt wohl in etwa ausmachen, was die Serie ausmachte, weshalb ich sie ausmachte: allerschnödeste Alltagserlebnisse einer farblosen Familie, die mir noch farbloser als meine eigene vorgekommen wäre, wenn sie nicht einen gewissen Standortvorteil für sich hätte verbuchen können, nämlich im Wilden Westen der USA zu leben. Und dann kamen die Eltern nach Hause: »Hast du schon wieder umgestellt?! Die nächste Reparatur ziehen wir dir von deinem Taschengeld ab.« Überflüssig zu sagen, daß es keine nächste Reparatur gab: Bald darauf wurde nämlich ein Farbfernseher (→ SABA) angeschafft.

V

Verkehrssicherheitsrat. Tritt für die »Richtgeschwindigkeit« (130 km/h) auf Autobahnen ein. Die Antithese hierzu formuliert der ADAC: »Freie Fahrt für freie Bürger« – die irrsinnigste Formel, die Menschen in diesem »Zeitalter der Extreme« (Eric J. Hobsbawm) je erdachten, ungefähr so logisch wie »Freier Trieb für freie Monster«. Richtig niedlich dagegen unser Verkehrssicherheitsrat – ja, was wollen die eigentlich genau? »Wir wollen, daß weniger Menschen auf unseren Autobahnen ihr Leben lassen. Deswegen gibt es die Richtgeschwindigkeit.« Die vier Grundregeln (»Antworten auf Lebensfragen«) lauten: 1. Richtige Geschwindigkeit – 2. Rechts fahren – 3. Abstand halten – 4. Richtig überholen. Dazu gibt es knifflige Fragen. »Nur eine Antwort ist die richtige. In diesem Preisausschreiben. Und draußen auf den Autobahnen. 1. Frage: Wozu gibt es die Richtgeschwindigkeit? A: Damit weniger Unfälle passieren. Weniger Menschen auf den Autobahnen ihr Leben lassen? B: Damit der Straßenbelag länger hält?« Die zweite Frage schenken wir uns. Ach, ja: Erster Preis: »Traumreise nach Hawaii für 2 Personen«.

Video. Neben der alles beherrschenden Frage von Kapitalismus versus Sozialismus taucht Ende der Siebziger eine zweite große Systemfrage auf: VHS, Betamax (Japan) oder Video 2000 (Europa)? Die wird allerdings schon lange vor 1989 beantwortet; Video 2000 wird schon bald vom Markt gefegt, obwohl (weil?) es angeblich das technisch beste gewesen ist, wie die Grundig-Mär besagt. Und so fing der ganze Mist an: »Ist Fernsehen nicht genug?« fragt Philips scheinheilig-rhetorisch 1971 in einer Anzeige. Die Antwort: »Nicht für jeden. Vielleicht auch nicht für Sie. Machen Sie sich unabhängig von Sendezeiten. Mit dem Philips Video Recorder. Er zeichnet Sendungen auf und spielt Sie Ihnen auf Tastendruck wieder ab – wenn Sie Zeit dafür haben. Bis vor kurzem gab es Bildaufzeichnungsgeräte nur für den professionellen Bereich. Philips aber war es möglich, ein preisgünstiges Bildbandgerät für den Heimbedarf herauszubringen: den Philips Video Recorder LDL 1002. Als Magnetbandaufzeichnungsgerät. Ärzte, Journalisten und Lehrer waren die ersten Käufer«. Lehrer? Natürlich: Lehrer! Weil die immer auf Klassenfahrt sind, wenn *Flipper* kommt, oder wie? Typisch!

Village People. Sind der Cowboy, der Bauarbeiter mit dem Helm, der Indianer, der Ledermann mit Augenschutz und Brusthaaren, der Soldat, und der Superstar (»Officer of Love«) im Glitzerhemd und schwarzen Stiefeln. Macht zusammen *sex* (6). Insgesamt stellen sie neben einer brutzelnden Emotion, der Essenz des → Disco-Fevers, eine sehr positive → Männlichkeit (*Macho Man*, *YMCA*) zur Schau.

W

Wasserbett. Das »Aquabett« – in den USA erfunden und dort längst ein Verkaufsknüller – hält jetzt auch Einzug in bundesdeutsche Schlafzimmer. Es sind nicht mehr das edle Roßhaar und der stabile Federkern, auf denen sich die Schlaf-, Liebes- oder Betrunkenen betten wollen, es ist ein riesiger, mit leicht angewärmtem Wasser gefüllter Sack, aus dem die Träume sind. Natürlich ein Sack aus Kunststoff. Die Vorteile, die man sich davon in der Werbung versprechen ließ, waren hauptsächlich gesundheitlicher Natur. Das Preis-Leistungs-Verhältnis war leider das große Manko des Wasserbetts, nur wenige Privatleute gönnten sich den schwabbeligen Luxus, und es hat sich im ganzen wohl nicht durchsetzen können. Doch in wenigen Fällen hat das Wasserbett die Zeiten überdauert, jedenfalls kann ich mich an ein Hotelzimmer erinnern, in dem ich mal eine ganz außergewöhnliche Erfahrung gemacht habe ... Der Genießer schweigt.

Weinbrandbohnen. Wenn meine Großmutter als Mann auf die Welt gekommen wäre, hätte sie möglicherweise ob der Absurdität unserer menschlichen Existenz zur Flasche gegriffen. Als Frau indessen hatte sie Pech – oder je nach Standpunkt auch Glück: zunächst einmal Frau zu sein und dann auch noch in einer Zeit zu leben, in der Frauen einfach nicht zur Flasche griffen. Aber natürlich hat jede noch so gut vermessene moralische Landkarte auch weiße Flecken. Ich meine nicht etwa den eher aus kurativen Er-

WISSOLL · WILH. SCHMITZ-SCHOLL · MÜLHEIM-RUHR · KAKAO · SCHOKOLADEN · PRALINEN · ZUCKERWAREN
Wissoll
unendlich gut

wägungen vor jeder Mahlzeit eingenommenen Schnaps, der nur für kurzweiliges Vergessen des notorischen Weltekels zu sorgen pflegte. Nein, wir, das heißt ihre Enkel mit Unterstützung der Firma Wissoll, verschafften ihr ein ständiges Refugium in Gestalt der Weinbrandbohne. Eine Praline war eine Praline war eine Praline (→ Herrenmagazine) – und somit sittlich unanfechtbar, mit welchem Feuerwasser auch immer sie gefüllt sein mochte. Bis zu ihrem Tod sorgten wir deshalb an Weihnachten, Ostern, ihrem Geburtstag oder einfach nur so, was auch vorgekommen sein soll, für einen gut gefüllten Weinbrandbohnenfundus – und sie dankte es uns mit diversen Geldgeschenken, die den Wert des gelieferten Kontingents etwa um das Zehnfache überstiegen. Bei aller Bescheidenheit darf ich mir das späte Pensionärinnenglück anrechnen, weil ich es war, der in einem *Spiegel* von 1971 zufällig auf eine Werbeanzeige der Firma Wissoll stieß, die in ihrer ebenso ehrlichen wie kompromißlosen Schlichtheit überzeugen mußte. Sie zeigt mehrere Pralinenkästen, die hintereinander schweben und sich vom Betrachter entfernen, sich offenbar in der Unendlichkeit des Raumes verlieren sollen; darunter das alles erklärende Epitheton »unendlich gut«. Auf jedem Kasten sehen wir den hübsch ordentlich aufgereihten Inhalt, einen gut gefüllten Cognacschwenker mit dem Firmenlogo und eine Aufschrift »10 Weinbrandbohnen«, die mir heute doch verhältnismäßig endlich erscheinen. Damals freilich hatten wir noch keinen Sinn für dergleichen Spitzfindigkeiten. »Unendlich gut« war gerade gut genug. Und so enthob uns der ehrenwerte Pralinenfabrikant Wilhelm Schmitz-Scholl (alias Mr. Wissoll) fortan jeglicher Geschenksorgen und bescherte unserer Großmutter ein gerüttelt Maß an Alterszufriedenheit. Die wurde einmal allerdings empfindlich gestört, als wir uns aus finanzieller Not zu sehr auf das elterliche Sideboard verließen und dort nur eine Großpackung »Edle Tropfen in Nuß« der Firma Trumpf zutage förderten. Schon das Verpacken ging nicht ohne Selbstvorwürfe ab, weil alle wußten, daß wir keinen vollgültigen Ersatz in den pittoresken Geschenkbogen einschlugen. Großmutters zutiefst enttäuschter Blick aber zerschnitt unsere liebenden Enkelherzen so glatt wie ihre Schere das allzu manierierte Blümchenpapier. Wir waren erst wieder hergestellt, als eine Enkel-Gesandtschaft, von tragischer Verwechslung murmelnd, die »Edlen Tropfen« gegen echte Weinbrandbohnen ausgetauscht hatte. Großmutter nahm die Entschuldigung an – wir waren noch mal davongekommen. Und wie ich hier sitze und über Weinbrandbohnen sinniere, spielt mir das launige Schicksal eine Schachtel Weinbrandbohnen der Firma Wissoll aus dem Jahre 1997 zu. Wie soll ich Ihnen meine Wiedersehensfreude beschreiben? Es hat doch noch etwas Bestand auf dieser Welt: Auf der Verpackung sind immer noch die geradezu militärisch in Reihe und Glied drapierten Bohnen zu sehen, der gut gefüllte Cognacschwenker ist noch da, das Firmenlogo, und immer noch ist das alles »unendlich gut«. Allein, die Schachtel hat nunmehr »18 Weinbrandbohnen«. Wir nähern uns langsam der Unendlichkeit.

WG. Allgemein gebräuchliche Abkürzung für Wohngemeinschaft, den politisch harmlosen Wiedergänger der 68er-Kommune. Berühmtestes Beispiel: die K1, bestehend aus Fritz Teufel, Rainer Langhans mit seiner Uschi Obermaier und anderen – nicht zu verwechseln mit dem K2 (der schwieriger als der Mount Everest sein soll). Grundsätzlich kann man nicht viel Negatives sagen über Menschen, die sich zusammenraufen und auf verhältnismäßig engem Raum frühstücken, um die galoppierenden Mietkosten halbwegs im Zaum zu halten. Hassenswert freilich sind jene, die dieses kleine bißchen Anderssein auch noch politisch verbrämen müssen und sich als Frondeure gegen das → Schweinesystem aufspielen: also jene Leute – der Lyriker Uli → Becker hat das mal auf eine schöne Formel gebracht –, »die beim Spaghettimachen um Mitter- / nacht den Knoblauch als dialektischen / Gegenschlag auf ihre scheißbourgeoise / Sozialisation zelebrieren«. Dieselben »Leute, die sich sonntags morgens im / Schlafanzug mit den Zeugen Jehovas / auf eine Diskussion einlassen«. Und die jetzt mit jovialem Lächeln sagen würden, es hieße »die gleichen«, nicht »dieselben«. Diese Menschen wollen wir brav hassen und damit ganz schnell zum nächsten Artikel übergehen.

Wicki. »Hey, hey Wicki, die Wikinger, er löst das Rätsel ahauf ...« – so nahm einem schon der Gesang im Vorspann die Spannung und oftmals jede Lust, sich einzulassen auf ein neues Zeichentrick-Abenteuer der rauhbauzigen, aber im Grunde recht gutmütigen Wikingerhorde um den gewitzigen Häuptlingssohn. Hier war der Kleinste mal wieder der Größte! Denn tauchte ein schier unlösbares Problem auf, und das tauchte nun in jeder Sendung einmal auf, fragte man einfach Wicki: Der war stets und prompt mit einer weit hergeholten, völlig unrealistischen Lösung bei der Hand. Fürs Leben lernen konnte man hier nichts, soviel steht fest. Die Zeichner boten für deutsche Zeichentrickverhältnisse solides Handwerk, kurzum die Figuren waren bessere Strichmännchen. Einigen Einfallsreichtum bewiesen sie jedoch mit der nuancierten Darstellung kognitiver Vorgänge. Während die Ratlosigkeit der »starken Männer« sich in den völlig unbewegten, halb geöffneten Mündern widerspiegelt, äußert Wicki seine intellektuelle Flexibilität in einer Art Ritual: Er reibt sich die Oberlippe, die Nase, dann wieder die Oberlippe, ein Fingerschnippen – und auf einmal sieht er Sterne, als hätte er vom vierschrötigen Wikingervater einen vor den Hals gekriegt oder zu tief in den Met-Krug geguckt (Wicki on Dope gleichsam). Die kurzzeitige Bewußtseinserweiterung führt dann zu den schon genannten abstrusen Problemlösungsstrategien. Und am Ende jeder Sendung wird Wicki auf Schultern getragen. Kurze Zeit später gab es dann auch einen Zeichentrickporno mit einer etwas anders gearteten Hauptfigur. Nun raten Sie, wie die hieß!

Witze. Einen ausführlichen Rückblick auf die Witzkultur der Siebziger bietet die Studie von Dieter Hallervorden:

Worüber ick mir schieflache. Königstein im erholsamen Taunus 1983.

Wohnlandschaft. Modern war sie schon immer, aber so richtig knallebunt wurde sie in den Siebzigern, die gute Stube im Bungalow (→ Gelb-Orange), die jetzt nicht mehr »Herrenzimmer«, sondern »Wohn-Centrum« hieß. Und auch sonst veränderte das heiße Jahrzehnt das Alltagsleben gerade im Wohnbereich. Man war offener, rückte irgendwie enger zusammen, die Generationen versuchten einander zu verstehen (»Du, ich hab' da ein Problem damit...«) und die Sofas flossen ineinander. Nicht nur die – alles wuchs zusammen: das Arbeitszimmer mit dem Wohnzimmer mit der Küche mit der Eßecke mit der Diele mit dem Entree. Doch geradezu gegenläufig zur beabsichtigten Integration erfolgte die Absentierung der Jugend die, teils selbstverantwortet, teils musikverursacht, in das mit abwaschbarer Tapete ausgestattete, schallisolierte Souterrain verbannt wurde. Die *Wohnfibel* meint: »In Verbindung mit dem anschließenden kleinen Bad findet die ›Haustochter‹ hier alles, was das Wohnen angenehm macht. Jugendlich keck präsentieren sich rotblaue und violette Farbtöne in eigenwilligem Nebeneinander, bis in die Tapetenkreise hinein.«

Wünsch Dir was. Mit Dietmar Schönherr und Vivi Bach. Die erste sozialliberale Samstagabendunterhaltungsshow, bei der man auch etwas lernen konnte. Ein volkspädagogisch wertvolles Spiel, an das wir uns dunkel erinnern, ging so: Die miteinander konkurrierenden Familien sollten für ein fiktives Dorf, das ca. einen halben Meter hoch modellhaft auf der Bühne aufgebaut war, eine noch fiktivere Umgehungsstraße bauen. Das Dorf bestand aus beweglichen Bausteinen: eine Kirche, ein paar Häuser, ein paar Bäumchen, ein kleiner Tümpel und ein bißchen Kleinscheiß. Die Familien hatten nun die Aufgabe, die Umgehungstraße (die sich aus einzelnen kleinen Elementen zusammenstecken ließ) nach ihrem Gutdünken zu plazieren. Wenn irgendwas im Weg stand (z.B. die Kirche), konnte sie zur Seite geschoben werden. Und los geht's: Familienvater Nummer eins (mit ausgesucht dicken → Koteletten und schlecht sitzendem Anzug) geht gleich forsch zur Sache. Nach einer halben Minute hat er es, vor den Augen der überrumpelten Restfamilie, geschafft. Die Umgehungsstraße durchschneidet schnurgerade, wie mit dem Lineal gezogen, das niedliche, kleine Dorf und verdrängt Kirche, Häuser, Bäume und Kleinscheiß an die Peripherie. Vati ist stolz. Schönherr: »Ah, eine sehr effektive Lösung. Wollen wir sehen, was unsere Jury sagt ...« Dann kommt Familie Nummer zwei aus den Kabinen. »Na, hat Ihnen die Musik gefallen?« Umständlich wird das Spiel erklärt (für den Fernsehzuschauer mittlerweile zum dritten Mal). Und wieder geht's los. Diese Familie ist vorbildlich. Anstatt gleich wild loszulegen, wird erst mal im Familienrat die Sache ausdiskutiert: Wie wollen wir's machen, wer macht was etc. – im Hintergrund hört man geradezu die Punktemaschine der Juroren rattern. Überhaupt kommt diese Familie schon optisch weitaus fortschrittlicher daher. Nach etwa fünfzehn bedächtigen Minuten ist das Werk vollendet. Die Umgehungsstraße windet sich um den historischen Kern (Kirche, Häuser, Bäumchen, Kleinscheiß) herum. Alles bleibt erhalten. Donnernder Applaus. Dicke Punkte werden eingefahren. Dietmar Schönherr bittet noch einmal beide Familien für sein Spielefazit zu sich. Zu Familienpapa Nr. 1: »Ja lieber, Herr X, ihre ›Lösung‹ war zwar sehr effektiv und schnell, aber war sie auch die bessere ...?« »Ja, aber die Kirche undsoweiter steht doch noch, nur verschoben!« »Eine Kirche wollen Sie also verschieben? Wenn das man mal so einfach ginge! Die hätten Sie schon abreißen müssen! Das müssen sich unsere Städteplaner, die Reißbrett-Strategen auch mal vergegenwärtigen ...« Das leuchtet ein. Bedröppelt zieht Papa Nr. 1 von hinnen. Das Ende für *Wünsch Dir was* kam dann, als eine sympathische Familie mitsamt Auto im Wasserbassin versenkt wurde, die Mutti beinahe vor Millionenpublikum ersoffen wäre – und die erblühende Tochter mit durchsichtiger Bluse neckisch aus der Wäsche kuckte. Das ging zu weit, darin war sich die Presse mal einig!

X

X. Siehe U.

Y

Yes. Nicht zu verwechseln mit dem gleichnamigen »Torty«, sondern geschmäcklerische Art-Rock-Band, deren Markenzeichen Fantasy-Cover und ausgefeilte Arrangements waren und die zwei virtuose Instrumentalisten in ihren Reihen zählten: den »Synthesizer-Wizard« (dt. Hohepriester der → Heimorgel) Rick Wakeman, im silbernen Pailletten-Ornat, von einem gewaltigen Orgel-Gebirge herunter den Konzertbesuchern musikalische Absolution erteilend, und den Gitarristen Steve Howe, von dem man sich erzählte, er habe mit seiner Schnelligkeit Plektren zum Schmelzen gebracht. Howe war einer von diesen etiolierten Ästheten, ein dünnhäutiges, feinnerviges Bübchen, technisch versiert, aber ein echtes Bübchen, das von Rock'n'Roll auch nicht die Bohne verstand. Kein Alkohol, keine Mädchen, nur ausgedehnte Masturbationen am Griffbrett. Ein Gitarrengnom, der aussah wie ein mittelalterlicher Hofnarr (bisweilen schlug er ja auch die Laute) und in der Klassik, im Folk und im Jazz gleichermaßen zu Hause war. Aber Rock 'n' Roll? Jahre später, als Howe mit der miesen, aber gehypten und somit wenigstens kommerziell einigermaßen erfolgreichen Yes-Attrappe Asia auf Tour war und sich Backstage allzu sehr als Rockgitarrist aufführte, warf ihm einer von der Vorgruppe an den Kopf: »Du bist doch kein Rockgitarrist. Paul Kossof von Free, *das* war ein Rockgitarrist.« Howe soll nur kurz aufgesehen haben, mit ungläubigem Blick – und dann wieder das Griffbrett rauf und runter. Der eigentliche Star, jedenfalls das von den Medienmotten am meisten umschwärmte Mitglied der Band aber war Rick »Die Taste« Wakeman: blonde Haare bis zum Arsch, eine genußsüchtig-feiste Visage und dicke Ringe an den Fingern – bereitwillig und mit viel Freude am Detail bediente er das Stereotyp vom gefallenen Engel (und macht heute esoterische Schnarchmusik). Daneben besaß er genügend Eitelkeit und dekadente Exzentrik, um der Öffentlichkeit als lebendige Verkörperung der überfeinerten Rokoko-Musik von Yes – zu der die eunuchalen Gesänge von Jon Anderson und Chris Squire wie der sprichwörtliche Tritt in die Eier paßten – zu erscheinen. Selbstverständlich haben auch Wakeman und seine Ministranten, wie jede Band, die sich damals für ambitioniert hielt (→ Emerson, Lake & Palmer; Deep Purple), mal zusammen mit einem klassischen Orchester musiziert. Bei Yes war das so naheliegend, daß es einem schon wieder überflüssig vorkam – und das Ergebnis dann auch kaum überzeugen konnte. Die nahtlos eingepaßten Streicher füllten ein paar Lücken, die Wakeman ohne Mühe auch synthetisch gestopft hätte. Und natürlich harmonierte alles so schön wie immer. Bei Deep Purple ist es da schon kontrastreicher zugegangen – und allemal unterhaltsamer: Immer wenn Ritchie Blackmores verzerrte Gitarre die Krawattenrunde in die Schranken weist, spiegeln sich Empörung und blanker Haß auf den so seriösen Gesichtern. Bei Yes hingegen erhellt kein Zornesblitz die finstre Ödnis. Nur Steve Howe glimmt ein bißchen neidisch vor sich hin, weil er nie Geige gelernt hat.

Yokoi, Shoichi. Japanischer Sergeant der ehemals kaiserlichen Armee; wurde im Januar 1972 im Dschungel von Guam entdeckt, wo er seit 28 Jahren auf den japanischen Endsieg gewartet hatte. Das rührte den japanischen Premier Eisaku Sato dermaßen, daß er sich »schließlich mit einem Taschentuch die Augen wischen mußte« (*Spiegel*). Für so eine tolle Geschichte muß ja wohl auch noch Raum sein; hier auf diesen Seiten. Meinen wir jedenfalls. Ach übrigens, bevor wir's vergessen: 1972 ist auch das Jahr der »Uhu-Sonnenbrille«!

Yps. Die bunte Zeitschrift war der echte Knaller, denn sie war als einzige in Frischhaltefolie verpackt. Neben den enervierenden → Comics bot *Yps* ein allerdings hochinteressantes neues Spielzeug, namens »Gimmick«. Ganz toff: die Wasserpistole, die auch nach rechts und links schießen konnte, das Periskop aus der U-Boot-Forschung, ein praktisches Hamster-Katapult und die Guillotine für kleine Fingerchen. Sicher, die lebenden Urzeitkrebse haben wir auch gekauft, wenn ich recht überlege, sogar dreimal. Aber als auch nach zwei Stunden noch nichts passiert war, wanderten sie dann doch in den Gully. Ganz ähnlich erging es diesen wachsenden Steinen oder den lebenden Fußpilzkulturen. Wer die wohl heute hat?

Z

Zappa, Frank. Sein Klo-Poster finden wir richtig klasse! Unser zweitliebstes Agitprop-Plakat ist das der Sozialistischen Bundesbahn (SDBS): »Alle reden vom Wetter. Wir nicht« (Marx, Engels, Lenin). Sehr aufrüttelnd auch das Bild aus dem spanischen Bürgerkrieg, wo Jimi Hendrix (er wäre heute, so meine ich, bluesiger denn je), mitten im Lauf tödlich getroffen, seine Gitarre in hohem Bogen hinter sich wirft – »WHY?«

Die Zwei. Das britisch-amerikanische Duo Roger Moore und Tony Curtis sind *Die Zwei* Playboys Lord Brett (»Wie das vorm Kopf«) und Danny Wilde, die ab Juli 1972 auch auf deutschen Bildschirmen in immer buntere → Schlaghosen und immer verwickeltere Geschichten um schöne Frauen und finstere Gesellen geraten. *Die Zwei* waren angetreten, die vorherrschenden Hörgewohnheiten des deutschen Krimi-Publikums – »Harry, fahr schon mal den Wagen vor« (Stefan) – grundlegend durcheinander zu wirbeln. Sexuelle Ein- und Zweideutigkeiten, Nonsensdialoge und Sprüche (»Hände hoch, ich bin ein Achselhaarfetischist«) beherrschten die Szene – aber nur in der deutschsprachigen Synchronisation. Das englische Original, so heißt es jedenfalls, soll da wesentlich seriöser gewesen sein. Und so wurden die köstlichen *Zwei* hierzulande ein Unterhaltungsspaß für die ganze Familie. Gab es hintergründige pädagogische Absichten beim ZDF? Auch bei *Starsky & Hutch* sollten ja vermeintlich witzige Sprüche das Gewicht der Gewalt »abmildern«. Wer sein eigenes Urteil sucht, und das streben wir hier ja immer an, der möge sich doch bitte an die Firma Polygram wenden. Dort wird er fündig: Sechs Folgen der *Zwei* gibt's schon auf → Video (Preis DM 29,95). Sagen Sie einfach, Sie fänden das ja ziemlich albern, interessierten sich aber aus »wissenschaftlichen Gründen« dafür.

Zynismus. Also richtig zynisch finden wir, was die dänische Modezeitschrift *Damernes Verden* (Die Welt der Damen) uns da bietet: Eine Fotostrecke mit Retromode der Siebziger, die sich an den Höhepunkten der RAF-Historie entlanghangelt. Etwa Raspe, dem »zum ersten Mal seit seinem dreizehnten Lebensjahr wieder Trikotwäsche der Größe 4 paßt, hier in bleu, für 229 Kronen«, oder Baader bei der Verhaftung, »in einer steingrauen Feincordhose, die mit den Gehwegplatten harmoniert, hier mit ausgestelltem Bein« (→ Romantic-Look). Und Frau Meinhof? »Bullen-Schweine! Die Handlanger der Macht setzen Ulrike in eine grüne Minna. Sie trägt ein blaues Top mit Kragen von Diesel für 399 Kronen.« Schlimm auch Opern über Willy Brandt und seinen Kniefall, Schlager-Parodien, neue Sendungen mit Didi Hallervorden, überhaupt dieses ganze vermaledeite Recycling – ja, muß denn das wirklich alles sein? Was sind das nur für Menschen?